José de Oliveira

BREVE HISTÓRIA DO MOVIMENTO PENTECOSTAL

Dos Atos dos Apóstolos aos dias de hoje

CPAD

Preparação de Originais: Alexandre Coelho e Isael de Araujo
Capa e projeto gráfico: Eduardo Souza
Editoração: Olga Rocha dos Santos

CDD: 270 - História da Igreja
ISBN: 85-263-0578-6

As citações bíblicas foram extraídas da versão Almeida Revista e Corrigida, edição de 1995, da Sociedade Bíblica do Brasil, salvo indicação em contrário.

Para maiores informações sobre livros, revistas, periódicos e os últimos lançamentos da CPAD, visite nosso site: http//www.cpad.com.br

Casa Publicadora das Assembléias de Deus
Caixa Postal 331
20001-970, Rio de Janeiro, RJ, Brasil

1ª edição/2003

À memória dos primeiros missionários, às gerações que se seguiram de denodados obreiros, uns anônimos, outros conhecidos, que desbravaram o nosso vasto território pátrio, implantando uma igreja forte, um verdadeiro legado desafiante, para as novas gerações.

Apresentação

Poucos são os escritores que relatam com tanta clareza a história do Pentecostalismo Mundial.

Nesta obra o autor inicia nossa história no Cenáculo, com o batismo com o Espírito Santo e riquíssimas informações, mostrando-nos o começo da história dos pentecostais no mundo.

Conhecer a origem da Igreja Pentecostal, e particularmente das Assembléias de Deus no Brasil, é uma imperiosa obrigação não somente dos obreiros, mas de todos os crentes que crêem no batismo com o Espírito Santo.

O autor, pastor José de Oliveira, um estudioso de nossa história, conseguiu armazenar neste precioso livro importantes informações que, somadas a unção de Deus, tornaram-no uma fonte fidedigna para consultas.

O livro em apreço, escrito com linguagem escorreita e harmoniosa, oferece-nos uma agradável leitura, enriquecendo nossos conhecimentos sobre a verdadeira Igreja de Jesus Cristo.

José Wellington Bezerra da Costa
Presidente da Convenção Geral das Assembléias de Deus no Brasil

Prefácio

É um grande privilégio prefaciar o livro *Breve História do Movimento Pentecostal*, do pastor José de Oliveira. Percebe-se em cada palavra desta lavra literária que o autor tem a chama pentecostal na veia. Acredito que este manuscrito foi colocado no papel através da oração e das lágrimas de quem realmente ama o Senhor Jesus e sua Igreja.

Em linguagem simples e, portanto, compreensível por todos, o autor leva-nos a Jerusalém, no exato momento em que os discípulos (quase 120 pessoas) receberam o batismo com o Espírito Santo. E, depois, convida-nos a percorrer os corredores da História do Cristianismo e mostra-nos que o Pentecostes nunca deixou de existir, pois é a marca registrada da Igreja.

O autor revela-nos, através desta condensada, mas valorosa obra, que, se as línguas estranhas deixaram de ser faladas nas catedrais e nos palácios, foi porque o mundanismo entrou em organizações eclesiásticas que não estavam comprometidas com o Pentecostes. Entretanto, os autênticos cristãos, por causa da perseguição, embrenharam-se pelas florestas, cavernas e pelos montes, onde se reuniam a fim de cultuar a Deus, tendo a constante presença do Espírito Santo.

O pastor José de Oliveira convida-nos a caminhar ao seu lado, através destas páginas, a fim de conhecermos melhor todos os movimentos que culminaram com o pentecostalismo moderno. E quem aceita este convite não se arrepende, pois vai se deparar com surpresas agradáveis, que revelam o poder de Deus que não tem permitido que as portas do inferno jamais prevaleçam contra a Igreja, a Noiva do Cordeiro.

Li, reli e revisei este livro. Por isso, o recomendo.

Pastor Mardonio Nogueira

Sumário

Introdução

A idéia deste livro nasceu de um folheto, que pretendia esclarecer onde se situa a Assembléia de Deus nesta "floresta" de igrejolas, movimentos neo-pentecostais e carismáticos em nossos dias.

O conhecimento histórico da peregrinação da Igreja de Cristo é imperioso para todos aqueles que se preocupam com a pureza da doutrina de Cristo em sua Igreja, pois traz equilíbrio e consenso na doutrina que professamos hoje; fortalece nossas convicções e esperanças; e faz-nos entender que os cristãos dos tempos passados lutaram e alcançaram grandes vitórias nos mais diversos campos de batalha.

Esta obra pretende trazer à nossa geração informações fidedignas sobre a identidade pentecostal e, ao mesmo tempo, relatar como aconteceram os fatos e experiências espirituais, que os escritores convencionais em suas histórias da Igreja omitem. Desde o início, os cristãos que receberam o poder de Deus, o batismo com o Espírito Santo, foram criticados: "estão embriagados".

O resultado da cura do paralítico na Porta Formosa, para os apóstolos Pedro e João, foi o cárcere e a proibição de falarem no nome de Jesus. As evidências desse poder, que se manifestou em Jerusalém, deixaram os sacerdotes atônitos, pois os apóstolos haviam sido presos sob segurança máxima, e logo após foram encontrados pregando no Templo. Os sacerdotes verificaram que o cárcere estava trancado e lá estavam os soldados da guarda, mas não havia ninguém lá dentro!

Diante da eloqüência brilhante de Estêvão, fruto da operação do Espírito, os sacerdotes se enfureceram. Não tendo qualquer argumento lógico, condenaram Estêvão ao apedrejamento.

Quando o apóstolo Paulo e seus companheiros curaram um paralítico em nome de Jesus, numa demonstração do poder de Deus, os judeus mais uma vez enfureceram-se e instigaram os gentios a praticarem um linchamento. Posteriormente, nos segundo e terceiro séculos, não foi diferente: os cristãos sempre eram vistos como fanáticos.

No século XVII surgiu o movimento dos puritanos, aqueles que almejavam o poder de Deus; e quando contemplados por esta bênção, eram apelidados de "Quakers", que significa tremedores.

Assim, através dos tempos, a igreja dominante e secularizada, querendo justificar sua frieza, a falta de poder de Deus, sinais, curas divinas e batismo com o Espírito Santo, dizia que tais coisas sobrenaturais foram só para os tempos dos apóstolos. Porém, o testemunho deixado por pessoas que pagaram um alto preço contraria essa premissa, que tenta justificar a existência de uma igreja conduzida pela mente dos homens, vazia, vencida pelo mundanismo. Não adianta inventar todas as formas de muletas a fim de equilibrar um corpo morto, que chamam de igreja, perante um mundo mergulhado em trevas.

Esse mesmo mundo está à espera de luz, direção e esperança, de uma Igreja autêntica e comprometida com o Cristo vivo. Em Caná da Galiléia, Jesus iniciou seus sinais e continuou a operá-los mesmo depois de sua morte e ressurreição, pelas mãos dos apóstolos. Porém, não encontramos em lugar algum que este poder tenha sido temporário ou cessado! O livro de Atos dos Apóstolos parou em 28 capítulos, mas os atos soberanos de Deus continuam sendo escritos através da história da Igreja.

O capítulo 11 da Epístola aos Hebreus continua em aberto. O século XX foi marcado por duas grandes guerras mundiais, que trouxeram prejuízos incalculáveis à humanidade; apesar disso, a Igreja de Jesus Cristo continua fazendo história. Os grandes impérios caíram, barreiras e muros foram derrubados. Das cinzas ressurge um cristianismo vibrante, pela força e poder do Espírito, contextualizando o evangelho nos recantos mais remotos da Terra. Como exemplos o Movimento Pentecostal despontado fortemente no Brasil em 1911; a Full Gospel Church Korea (Igreja do Evangelho Pleno), de David Yonggi Cho, que no pós-guerra salvou o país da miséria; a Revival Christian Church na China, quando o mundo pensava que com o domínio do comunismo ateu, pelo carisma de Mao Tse Tung, o cristianismo seria banido da China e hoje possui uma igreja estimada em aproximadamente 100 milhões de cristãos, sendo 85% deles pentecostais, que se expandem como um movimento subterrâneo muito semelhante ao das catacumbas de Roma, nos tempos do Império Romano, porque a nuvem de testemunhas ainda paira sobre nós, até que o Senhor volte.

Pastor José de Oliveira

Capítulo 1

Raízes Históricas (33 d.C.)

Os primeiros pentecostais foram os discípulos de Jesus, considerados por alguns como homens sem cultura (indoutos) e sem letras (At 4.13). Segundo o testemunho de João Batista, que afirmava ter recebido da parte de Deus uma incumbência de batizar em águas todos aqueles que fossem tocados pelo arrependimento, Jesus Cristo é o que batizaria com Espírito Santo: "E eu não o conhecia, mas o que me mandou a batizar com água, esse me disse: Sobre aquele que vires descer o Espírito e sobre ele repousar, esse é o que batiza com o Espírito Santo" (Jo 1.33).

Quanto mais se aproxima o fim do ministério público de Jesus, mais os Evangelhos enfatizam melhor a importância e necessidade do revestimento de poder do Espírito Santo: "Eis que sobre vós envio a promessa de meu Pai; ficai, porém, na cidade de Jerusalém, até que do alto sejais revestidos de poder" (Lc 24.49); "Eu rogarei ao Pai, e ele vos dará outro Consolador, para que fique convosco para sempre" (Jo 14.16); "E estes sinais seguirão aos que crerem: em meu nome, expulsarão demônios; falarão novas línguas" (Mc 16.17); "Mas recebereis a virtude do Espírito Santo, que há de vir sobre vós; e ser-me-eis testemunhas tanto em Jerusalém como em toda a Judéia e Samaria e até aos confins da terra" (At 1.8).

As últimas palavras de Jesus aos seus discípulos, no período dos 40 dias após a ressurreição, era a respeito do batismo com o Espírito Santo, que haveria de se cumprir em Jerusalém e em breve. Era a grande festa judaica do ano 33 d.C., a comemoração do Pentecostes: "Depois, para vós contareis desde o dia seguinte ao sábado, desde o dia em que trouxerdes o molho da oferta movida; sete semanas inteiras serão. Até ao dia seguinte ao sétimo sábado, contareis cinqüenta dias; então, oferecereis nova oferta de manjares ao Senhor" (Lv 23.15,16).

Na ocasião, Jerusalém era visitada por uma multidão de judeus e prosélitos radicados em vários países de cultura muito variada, bem como de diferentes idiomas. O local do primeiro batismo com o Espírito Santo foi um cenáculo, um aposento, ou sala de jantar, no segundo andar de uma rica residência, o mesmo local da realização da última ceia de Jesus com seus discípulos. O derramamento do Espírito teve lugar em Jerusalém.

Todos nós estamos familiarizados com a ordem do Senhor concernente ao lugar em que os discípulos deveriam esperar o dom celestial: "E eis que sobre vós envio a promessa de meu Pai; ficai, porém, na cidade de Jerusalém, até que do alto sejais revestidos de poder" (Lc 24.49); "E, estando com eles, determinou-lhes que não se ausentassem de Jerusalém, mas esperassem a promessa do Pai, que (disse ele) de mim ouvistes" (At 1.4).

Os apóstolos e os discípulos, em um total de quase 120 pessoas, estavam reunidos: "E, entrando, subiram ao cenáculo, onde habitavam Pedro e Tiago, João e André, Felipe e Tomé, Bartolomeu e Mateus, Tiago, filho de Alfeu, Simão, o Zelote, e Judas, filho de Tiago. Todos estes perseveravam unanimemente em oração e súplicas, com as mulheres, e Maria, mãe de Jesus, e com seus irmãos" (At 1.13,14); "Cumprindo-se o dia de Pentecostes, estavam todos reunidos no mesmo lugar" (At 2.1).

O prazo estabelecido por Jesus era de dez dias após a ascensão, a data de Pentecostes. Quando estavam na expectativa do cumprimento da promessa de Jesus, foram batizados no Espírito Santo, e deu-se pela primeira vez o fenômeno da glossolália, isto é, a capacidade de falar em outras línguas, que na ocasião foram de povos como partos, medos, elamitas, os procedentes da Mesopotâmia, Judéia, Capadócia, Ponto, Ásia, Frígia, Panfília, Egito, Líbia, Cirene, Roma, Creta e Arábia, tudo testemunhado pelos circunstantes insuspeitos, que ali chegaram atraídos pelo estranho barulho.

"E, de repente, veio do céu um som, como de um vento veemente e impetuoso, e encheu toda a casa em que estavam assentados. E foram vistas por eles línguas repartidas, como que de fogo, as quais pousaram sobre cada um deles. E todos foram cheios do Espírito Santo e começaram a falar em outras línguas, conforme o Espírito Santo lhes concedia que falassem" (At 2.2,3,4).

Este acontecimento inusitado foi justificado pelo apóstolo Pedro, o qual disse que era o cumprimento da profecia de Joel 2.28: "E nos últimos dias acontecerá, diz Deus, que do meu Espírito derramarei sobre toda a carne; e os vossos filhos e as vossas filhas profetizarão, os vossos jovens terão visões, e os vossos velhos sonharão sonhos" (At 2.17). Foi também um ato de concessão do próprio Deus e executado por Jesus: "De sorte que, exaltado pela destra de Deus e tendo recebido do Pai a promessa do Espírito Santo, derramou isto que vós agora vedes e ouvis" (At 2.33).

E ainda como resposta do apóstolo Pedro à grande pergunta feita a uma multidão de quase três mil almas: "Que faremos, varões irmãos? E disse-lhes Pedro: Arrependei-vos e cada um de vós seja batizado em nome de Jesus Cristo para perdão dos pecados, e recebereis o dom do Espírito Santo. Porque a promessa vos diz respeito a vós, a vossos filhos e a todos os que estão longe: a tantos quantos Deus, nosso Senhor, chamar" (At 2.37-39).

Por este texto entendemos que é impossível pensar que a concessão do dom (*charisma*) do Espírito Santo tenha sido limitada somente ao primeiro século da Igreja de Cristo. Era para os circunstantes, para seus filhos — a segunda geração — e para todos os que estavam longe, sem limite de lugar, sem acepção de pessoas, da mesma forma como a salvação é prometida a todos os que são chamados em todos os tempos. Historicamente estes são os primeiros pentecostais, nos quais se evidenciou a glossolália, como sinal evidente da manifestação do poder de Deus, que capacitou aqueles primeiros discípulos para influenciarem o mundo de seus dias.

O apóstolo Paulo dava muita importância aos dons espirituais, e ele mesmo deixou escrito: "Acerca dos dons espirituais, não quero, irmãos, que sejais ignorantes" (1 Co 12.1). O livro de Atos narra outras manifestações, tais como em:

Samaria — Como resultado da pregação de Felipe, que também era um dos dispersos de Jerusalém. Ele chegou em Samaria e anunciou a Cristo, onde realizou sinais de curas e os demônios foram repreendidos. Até um tal Simão, mágico, acostumado aos truques de magia reconheceu as evidências dos sinais que Deus operava através do ministério de Felipe. Houve um avivamento tão grande que se fez necessária a presença de outros apóstolos para confirmar tudo o que acontecia: "Os apóstolos, pois, que estavam em Jerusalém, ouvindo que Samaria recebera a palavra de Deus, enviaram para lá Pedro e João, os quais, tendo descido, oraram por eles para que recebessem o Espírito Santo. Então, lhes impuseram as mãos, e receberam o Espírito Santo" (At 8.14,15,17).

Cesaréia — São os primeiros pentecostais gentios. Este acontecimento demonstrou toda a resistência do apóstolo Pedro, ainda arraigado ao Judaísmo, que custou muito a reconhecer a forma da operação de Deus, que não faz acepção de pessoas. "E, dizendo Pedro ainda estas palavras, caiu o Espírito Santo sobre todos os que ouviam a palavra. E os fiéis que eram da circuncisão, todos quantos tinham vindo com Pedro, maravilharam-se de que o dom do Espírito Santo se derramasse também sobre os gentios. Porque os ouviam falar em línguas e magnificar a Deus" (At 10.44,45,46).

Damasco — Uma das conversões mais dramáticas da historia da Igreja foi a de Saulo de Tarso, quando se dirigia à cidade de Damasco com o intuito de erradicar a nova "seita do Nazareno", e veio a tornar-se o grande apóstolo dos gentios. No início de sua experiência de vida cristã, em seus primeiros passos, percebeu que era um imperativo divino ser cheio do Espírito Santo: "Ananias foi, e entrou na casa, e, impondo-lhe as mãos, disse: Irmão Saulo, o Senhor Jesus, que te apareceu no caminho por onde vinhas, me enviou, para que tornes a ver e sejas cheio do Espírito Santo" (At 9.17).

Éfeso — Já no exercício de seu apostolado, Paulo estava sempre preocupado com os seguidores de Jesus. Indagava deles se já haviam recebido o batismo com o Espírito Santo. É de se estranhar como os discípulos de João confessaram sua ignorância a respeito do batismo com o Espírito Santo, pois o Batista foi quem primeiro anunciou a concessão desta dádiva de Deus. Como não havia convicção dos discípulos de Éfeso, Paulo foi cuidadoso com a formação cristã em obediência à ordem de Jesus; primeiramente foram batizados em águas, e logo após foram batizados com o Espírito Santo: "...e falavam línguas e profetizavam" (At 19.1-6).

Corinto — Entre os anos 52 e 56, Paulo escreve a sua Primeira Epístola aos Coríntios, com o intuito de ajudá-los a resolver seus problemas enquanto ele se estava em Éfeso. Não há qualquer distanciamento do despertar inicial: "De maneira que nenhum dom vos falta ..." (1 Co 1.7).

O apóstolo escreve aos coríntios que busquem primeiro o amor, e depois procurem com zelo os dons espirituais. Assim ele ocupa todos os capítulos 12 e 14, com o propósito de regulamentar o exercício dos dons espirituais, para que fosse alcançada a sua finalidade: ".. faça-se tudo para edificação" (1 Co 14.26).

Capítulo 2

Fim da Era Apostólica (100 d.C.)

Destaca-se uma obra desse período, o *Didaquê*. É um dos documentos antigos mais respeitado e importante, conhecido como a *Doutrina dos Doze Apóstolos*, que em seu conteúdo menciona a existência da prática dos dons espirituais: "...e aqueles que recebiam um carisma ocupavam um lugar de destaque".

O período que se segue abrange toda a Idade Média, que é marcada por grandes apologistas do Cristianismo, como Orígenes, Crisóstomo, Jerônimo, Irineu, Tertuliano, Cipriano, Aristides, Justiniano, Justino Mártir e Hipólito.

Tais apologistas surgiram por causa da influência deletéria dos gnósticos, bem como a secularização da Igreja dominante, que também sofria influência dos pagãos, principalmente a partir da adoção do cristianismo por Constantino, que mais tarde tornou-o a religião oficial do Império Romano; e então temos um longo período, sem grandes movimentos espirituais, a não ser os montanistas, novacianos e donatistas.

Montanistas (156 d.C.) — Montano, natural de Arbadau, Frígia, era um dos homens que sofriam pela decadência da

Igreja, ao sentir a falta da manifestação do Espírito Santo (uma característica na vida da Igreja do primeiro século), e que tomou atitude de protesto contra as tendências seculares que operavam dentro daquela que outrora fora a Igreja Apostólica. Essa atitude resultou em um movimento reformador, que deu ênfase à manifestação do Espírito Santo. Este mover do Espírito, pelo caráter elevado e nobre e pela atitude rigorosa que tomou contra a onda de mundanismo que ameaçava a vida da Igreja, teve a simpatia e o apoio da parte sã do povo de Deus, que suspirava pelos ensinos puros e simples.

Apesar da oposição levantada pelos legalistas, o movimento teve a sanção divina, pois sobre muitos foi derramado o Espírito Santo, e falavam em línguas, de acordo com o testemunho de Tertuliano.

Os historiadores de nossos tempos esposaram suas opiniões ao afirmar, em comparação aos novacianos: "Este movimento foi realmente um Pentecoste".

Quando estudamos as doutrinas dos montanistas, notamos que eles se opuseram à hierarquia, sustentaram o sacerdócio universal dos crentes, praticaram rigorosa disciplina, rejeitaram o segundo casamento, exigiram freqüentes jejuns e exaltaram a virgindade. Foram eles que, pela primeira vez, distinguiram o pecado mortal do venial, de maneira que somente o último podia ser perdoado pela Igreja. Como se vê, as duas últimas doutrinas que levaram as igrejas oficiais a rejeitarem o montanismo e classificá-lo como heresia, foram séculos depois incorporadas aos seus dogmas.

Os montanistas mantiveram viva a esperança de que o fim do mundo estaria próximo. Foram implacáveis inimigos de diversas inovações que foram introduzidas nas igrejas, manipuladas pelos gnósticos e pagãos. Todavia, eles mesmos, por sua vez, foram inovadores, pois foram precursores do cristianismo ascético do quarto século em diante.

O movimento espalhou-se rapidamente por toda a Ásia Menor e Norte da África; ganhou muitos adeptos em Roma, e conquistou a simpatia dos moralistas e pios. As doutrinas de Montano ganharam tanto terreno, especialmente na Ásia Menor, que houve diversos concílios para suprimi-los; por fim, foram oficialmente condenadas. O movimento, porém, continuou por séculos, e oportunamente foi incorporado em outros atos reformadores. (Eusébio, *A História da Igreja*, p. 227, citado por H. H. Muirhead em *O Cristianismo através dos Séculos*, pp. 85-87)

"O Gnosticismo e as idéias de Marcião atacaram a tudo o que era do Judaísmo na tradição cristã. Não foram somente esses fatores que precipitaram a formação do Cânon do Novo Testamento. As primeiras igrejas tinham profetas carismáticos que, em alguns casos, falavam em línguas, isto é, sons ininteligíveis de forma excitada e estática. Na igreja de Corinto o apóstolo Paulo fundamentou solidamente o fenômeno com fecundo senso crítico. Ele afirmou que a autenticidade de um dom do Espírito Santo deveria ser provada por ser ou não fator contribuinte ao amor e edificação da comunidade como um todo. Os dons do Espírito foram concedidos em profusão, e eles encontravam dificuldades para reconhecê-los; só por isso seria um erro condená-los como comunidade carismática."

Na metade do segundo século, na Frígia, uma violenta reação antignóstica ajudou a inflamar um intenso movimento de profecia carismática, liderado por Montano e duas mulheres: Prisca e Maximilla. De seus dons, dados na primeira pessoa como uma declaração direta do Paráclito, coletamos entre tantos o seguinte: Um toque de orgulho regional aparecia na expectativa de que a "Nova Jerusalém", sobre a qual fala o Apocalipse, poderia descer à Terra em um monte na própria Frígia.

Os profetas montanistas exigiam de todos o reconhecimento de suas declarações como verdadeira obra do Espírito Santo. Apesar da conversão de algumas comunidades inteiras da Ásia Menor para esta seita, e de ser defendida no Ocidente pelo seu mais eminente convertido, Tertuliano, a Igreja não concedeu o seu reconhecimento. Em vez disso, houve uma forte ênfase na idéia do final da era de milagres e revelações, após o falecimento do último dos apóstolos. Para Irineu, o ministério ordinário da palavra e do sacramento é o ponto principal onde o Espírito de Deus é encontrado, e não no emocional e nos estados de êxtase, que rejeitam a racionalidade e tradição.

A reação antimontanista reforçou a crença de que o Cânon Apostólico estava completo, o que em nada diminuiu a esperança milenar longamente defendida pelos ortodoxos. Porém, aí terminou o segundo século com seus intérpretes do Apocalipse, que não desejaram ser literal e terrena a visão da volta de Cristo para reconstruir Jerusalém. (Henry Chadwick em *The Oxford History of Christianity*, pp. 32,33)

Agostinho (354 a 430 d.C.) escreveu: "Fazemos ainda o que os apóstolos realizavam quando impuseram as mãos sobre os samaritanos e rogaram o batismo com o Espírito Santo. Esperamos que os convertidos falem novas línguas".

Capítulo 3

Do Quinto Século à Reforma

"Dos tempos patrísticos até sentir definitivamente o poder da Reforma, o dom de línguas era quase um fenômeno esquecido. O interesse pelas Escrituras durante a Reforma resultou no reaparecimento do dom. Os homens geralmente não têm o dom de línguas, se não reconhecerem que existe o dom de línguas. O avivamento da Bíblia causava um avivamento da mente e das obras, como ocorridos com os homens dos tempos bíblicos, que foram honrados como piedosos. Durante o longo silêncio desses séculos aborrecidos, havia evidência, contudo, de tendências e atos psicológicos e fisiológicos que andam de mãos dadas com o aparecimento do dom na história da igreja em Corinto, ou na história de todas as seitas mais recentes, o que vamos discutir. Simplesmente porque às épocas antes da Reforma faltam as palavras das Escrituras, não encontramos esses fenômenos descritos e classificados como pertencentes ao dom de línguas". (Alexander Mackie, *The Gift of Tongues*, p. 27)

Entretanto, mesmo na era do obscurantismo, Deus em sua graça concedeu alguns avivamentos. Do século XII ao XV houve avivamentos no Sul da Europa, nos quais muitas pessoas falavam outras línguas. Os principais desses avivamentos foram os dos valdenses e albigenses. (Carl Brumback, O *Que Quer Isto Dizer?*, pp. 83,84) Pode se presumir que no período obscuro da história da Igreja, o povo não tivesse acesso ao conhecimento bíblico, pois o livro de Deus estava enclausurado em mosteiros. Portanto, estando a Palavra de Deus fora do alcance do povo e dos leigos, não podia haver um avivamento nos moldes bíblicos, cumprindo-se o que diz Provérbios 29.18: "Não havendo profecia, o povo se corrompe".

É importante observar que as questões relativas às doutrinas e à operação do Espírito Santo sempre foram propostas de muita discussão entre seus defensores, críticos e inimigos da genuína obra de Deus. Os apóstolos seguiram as ordenanças do Senhor, e entre elas estão a operação e manifestação dos dons espirituais.

Os historiadores e teólogos omitem-se em registrar os fenômenos ou os dons carismáticos sobrenaturais, e chegaram a classificá-los como heréticos. Neste ponto de vista vale lembrar que a própria Igreja Católica Romana até hoje conserva o rito da "crisma" como o sacramento da confirmação do batismo infantil, que é realizado aos doze anos. No entanto, nada acontece de sobrenatural, como sucedia nos dias apostólicos. Os que se convertiam a Cristo eram batizados nas águas e, em seguida, pela imposição das mãos dos apóstolos, recebiam o "carisma" (crisma), o batismo com o Espírito Santo, falavam em outras línguas, assim como acreditam os pentecostais de todos os tempos. Na trajetória da Igreja Cristã, sempre houve um remanescente piedoso que recebeu da parte de Deus a sua sanção divina através da manifestação do Espírito Santo, acompanhado do fenômeno da glossolália, ou o falar em outras línguas, sem terem aprendido esses idiomas.

A Renascença

"A Idade Média passara sem deixar saudades, para dar lugar à Renascença, que prometia alguma coisa melhor e trazia a esperança das liberdades religiosas. Como resultado desta influência, os historiadores tornaram-se mais liberais e menos dependentes dos governos ou das autoridades religiosas, dando-nos, agora, maiores informações acerca dos movimentos religiosos de sua época."

1517 d.C. Martinho Lutero, até então um monge agostiniano, fixou à porta da igreja de Wittenberg as suas 95 teses contra as "indulgências", dogma católico do perdão mediante dinheiro. Os homens religiosos viram nessa atitude o começo de um novo tempo para a Igreja que apostatara da fé.

1530 d.C. Quase toda a Europa é influenciada pela Reforma do século XVI. França, Alemanha e Suíça foram as nações mais atingidas pelo despertamento religioso que se esboçava. Um testemunho do momento registrado por um abade, mais tarde huguenote, assim descreveu um culto nas proximidades de Pointers, em uma gruta afastada da cidade, por causa das perseguições:

"Parece-me estar presenciando ainda a cena da reunião: a gruta mergulhada em semi-obscuridade, o grupo de amigos dispersos por um e outro lado, alguns deles meio ocultos, escutando os oradores com intensa gravidade. Sinto ainda soarem-me aos ouvidos os ecos de amém", pronunciados no final das orações, e as exclamações voluntárias de assentimento, de admiração ou de ansiedade que se sucediam durante a leitura da Palavra de Deus."

E. H. Broadbenat, em seu livro *The Pilgrim Church*, ao fazer a apologia desse movimento, diz que eles reconheciam que necessitavam dos "dons do Espírito Santo".

Registramos outro testemunho: "Nas montanhas de Cevenes, homens e mulheres caiam em êxtase, ocasião em que falavam em puro francês a respeito da Bíblia, quando é sabido que somente podiam falar o próprio dialeto". (*Op. cit.*, 434)

É inegável as conquistas alcançadas pelo movimento da Reforma do século XVI. O triunfo do evangelho de Cristo, o povo livre do jugo papal, a liberdade de consciência, ideais de protesto contra a corrupção religiosa e a ganância de certos bispos, que tudo prometiam mediante dinheiro. Entretanto, cabe bem a profecia da carta à igreja em Sardes: "Não achei as tuas obras perfeitas" (Ap 3). Alguns anos mais tarde, quando a Reforma firmou-se e expôs os pontos principais de sua doutrina, eles viram que o movimento fora deixado pela metade. Puseram-lhe o fundamento e as vigas mestras, mas deixaram as paredes por construir. Os reformadores perderam boa oportunidade de restaurar à Igreja a sua grandeza primitiva.

Entretanto, alguns anos mais tarde, em 1546, vemos o avanço daquele pequeno grupo. Algumas igrejas organizadas praticavam o que manda o Novo Testamento, e recebiam os dons do Espírito, de acordo com as verdades do Pentecostes.

Nesse tempo ainda não havia liberdade religiosa na Inglaterra. Então começou um grande despertamento, que recebeu o nome de Amigos ou Tremedores (Quakers), que passou à história como um dos movimentos religiosos mais sinceros e de princípios mais puros que já existiu. Exigiam consagração completa à vontade de Deus, até ser cheio do Espírito Santo, além de zelo missionário, inspiração no trabalho e luz interior.

Este despertamento com exigências tão rígidas encontrou forte oposição de todos os lados. Consideraram-no um movimento de fanáticos e extravagantes, e deram-lhe o nome de tremedores porque o poder de Deus descia no meio deles: O Espírito Santo manifestava-se de muitas maneiras; falavam línguas estranhas e tinham ainda outros dons.

1739 d.C. Nesse ano aconteceu outro grande despertamento, como os demais na Inglaterra, sem obedecer a um plano previamente organizado. A pessoa que Deus usava na liderança era o pastor John Wesley, clérigo da Igreja Anglicana (igreja oficial da Inglaterra). Foi em um destes despertamentos que se originou a Igreja Metodista, e que mais tarde tornou-se uma denominação de proporções grandiosas.

Esse movimento também sofreu duras críticas de opositores clérigos da igreja oficial, pela razão simples de que as pessoas alcançadas pela mensagem de Wesley eram transformadas imediatamente do espírito de temor, horror e desespero, para o de amor, gozo e paz; e do desejo pecaminoso, até então reinante nelas, para o bom propósito de fazer a vontade de Deus, mas também em vidas transformadas. Deus em qualquer tempo concede o perdão de pecados, bem como o dom do Espírito Santo. Se a palavra "pentecostal" já estivesse em uso naquela época, estamos certos de que Wesley seria chamado de "pentecostal" fanático, perturbador, etc.

No século XVIII, estes avivamentos não foram os únicos que se manifestaram nas ilhas britânicas. É certo que alcançaram o século XIX, pois em 1825 encontramos um avivamento na Inglaterra, no qual aparece o nome de Edward Irving, um dos mais célebres evangelistas de Londres.

Os historiadores limitam-se a registrar esse movimento sem explicarem a linha que ele seguia. Entretanto, os escritos do próprio Irving, publicados em seu livro intitulado *Miscelanies*, dão-nos luz suficiente para julgar o que foi o avivamento. Onde há um grande despertamento, ali deve existir alguma coisa mais do que o intelecto e a sabedoria dos homens; ali deve operar uma força divina além da compreensão humana.

Alguns escritos de Irving dão grande ênfase à pessoa do Espírito Santo. Contêm recomendações sobre o recebimento de poder e esclarecem perfeitamente que o batismo com o Espírito Santo é uma experiência distinta. Provam à sociedade que entre os despertados havia os que receberam o Pentecostes, isto é, foram batizados com o Espírito Santo. Esse batismo era acompanhado de outros dons, entre os quais podemos citar o falar em línguas estranhas.

Capítulo 4

A Origem do Pentecostalismo

Quanto ao uso do termo "pentecostal", e sua explosão a partir de 1901, antes surgiu a expressão *restauracionismo*, uma tentativa de retomada da mensagem ousada como era exercida na Igreja Apostólica. Essa busca manifestou-se em vários períodos da História do cristianismo. Era um esforço para a volta da prática de doutrinas da Igreja primitiva.

Outro aspecto foi o aparecimento da idéia de unidade cristã, e surgiu para os crentes essa possibilidade de uma comunhão em Cristo. Essa união estava acima das discussões em defesa da ortodoxia, que marcou longos tempos no cristianismo.

Surgiram no ambiente americano questões escatológicas, que originaram outros grupos. Nesse tempo, Joseph Smith chamou seu grupo restauracionista de "A Igreja de Jesus Cristo dos Santos dos Últimos Dias". Alexander Campbell, pai dos "Discípulos de Cristo", rotulou sua publicação de "O Precursor Milenial".

O antidenominacionalismo surgido não aceitava mais a autoridade organizada, com seus credos e tradições, e há muito Deus já os abandonara, conforme a opinião corrente. Semelhante desilusão foi expressa entre os "Irmãos de Plymouth". Desta forma muitos crentes interessados eram atraídos para o movimento. No ambiente evangélico entre as igrejas tradicionais, a espiritualidade não era o ideal, pois os crentes, ao saírem de casa para os cultos, diziam: "Vamos hoje para a igreja e será uma farra". Isto era possível nas atividades sociais ao lado das capelas (como as quermesses na Igreja Católica). Apesar de tudo isto, havia um remanescente que anelava por uma Igreja reavivada.

Com uma nova disposição espiritual, aqueles, que anelavam por esse ideal insistiam em dizer que haviam alcançado a dinâmica, a mensagem ou a chama pentecostal da Igreja primitiva. Certamente eram pretensões audaciosas; por isso, eram pentecostais. Assim, uma pequena congregação nas montanhas do oeste da Carolina do Norte denominou-se "União Cristã". Seus principais objetivos eram restaurar o cristianismo primitivo e trazer de volta a união de todas as denominações evangélicas, e os seguidores de um obscuro evangelista no Kansas podia alegar que seu movimento tinha pela primeira vez restaurado inteiramente a fé apostólica.

O Pré-milenialismo

Durante o fim do século dezenove, uma boa quantidade de igrejas evangélicas da linha conservadora era obrigada a tomar uma posição radical com respeito ao esquema milenário que se aproximava. Isto porque os russelitas, ou testemunhas de jeová, davam uma descrição rápida do fim, ensinando que "milhões que vivem agora jamais morrerão". Eles não estavam sozinhos. Outros grupos, como os adventistas, que tinham raízes no milenismo surgido durante a década de 1840/50, manifestaram-se fortemente nesse período. Enquanto isso, recusando a data para o retorno de Jesus, eles geralmente concordavam com Arthur T. Pierson, que concluía, através de doze métodos independentes de cálculos proféticos, que uma grande crise mundial aconteceria provavelmente entre os anos de 1880 e 1920.

Seus contemporâneos estavam vivendo dentro desse processo. A teologia escatológica de Arthur T. Pierson foi articulada por um clérigo anglicano, descendente de irlandeses, que se chamava John Nelson Darby. Os restauracionistas esperavam que o movimento surgisse em muitos lugares, o que mais tarde aconteceu. O grupo de maior expressão na América era aquele que se identificava com os "Discípulos de Cristo", a "Igreja de Cristo" e vários outros da mesma linha cristã.

Por outro lado, o restauracionismo alimentava uma expectativa para o fim dos tempos, com a organização da verdadeira igreja com a presença de apóstolos e profetas. A "Igreja de Jesus Cristo dos Santos dos Últimos Dias" (mórmons), organizada em 1830, por exemplo, sustentava que a verdadeira igreja fora divinamente restaurada nesse ano. Guiado por um "profeta" que era rodeado por apóstolos, os mórmons, como se tornaram conhecidos, pretendiam passar para a cultura religiosa da época a idéia de que haviam restaurado completamente o estilo do cristianismo do Novo Testamento.

Enquanto o apelo de tais grupos alcançava alguns frutos das metas dos restauracionistas, outros de menor estrutura surgiram, influenciando mais diretamente o pentecostalismo. "Shiloh", de Frank Sanford, a "União Cristã" e "Santos da Undécima Hora", para não citar outros. Um que teve influência direta sobre as Assembléias de Deus foi John Alexander Dowie.

Irlandês por nascimento e educação, Dowie ocupara parte de sua vida na Austrália. Em 1888, chegou aos Estados Unidos e começou a ensinar cura divina. Durante os anos de 1890 a 1900, estabeleceu um centro de atividades em Chicago. Dowie estava certo de que ocorria uma plena restauração da experiência neotestamentária nos fins dos tempos do cristianismo, da mesma forma que ocorreu com os dons ministeriais contidos nas epístolas paulinas. A visão restauracionista de Dowie era muito semelhante à versão pentecostal.

Representando um esforço naqueles dias como os atos soberanos de Deus para a tal prática, como acontecia na Igreja do Novo Testamento, surge mais uma denominação ao se nivelar à ortodoxia cristã. Por causa do calendário e pela leitura bíblica de uma perspectiva restauracionista eminente, foram levados a uma crença pré-milenista radical, como os mórmons e a "Primitiva Igreja de Deus". Essa busca foi compatível com todas as formas milenistas. Esperavam para os fins dos tempos da fé cristã que se manifestassem o poder e a unidade.

A Chama Pentecostal

O começo do avivamento pentecostal não obedeceu a um plano predeterminado por qualquer mente humana, e as Assembléias de Deus são fruto de um movimento que teve seu início de forma espontânea e da parte de Deus. Diferentemente, como podemos notar, surgiram no século XIX três movimentos — considerados como seitas heréticas — liderados respectivamente por Joseph Smith, o "Mormonismo", Guilherme Müller, "o Adventismo do Sétimo Dia", e Charles Taze Russel, "As Testemunhas de Jeová".

Como organização jurídica, só veio tomar esse nome em 1914 na América, e em 1918 no Brasil. Assim como o próprio Cristianismo teve como berço o judaísmo milenar de Moisés, o pentecostalismo moderno teve também seu berço espiritual nas igrejas históricas e tradicionais do pós-reforma do século XVI.

Ao traçarmos este perfil histórico, identificaremos os personagens que tiveram influência decisiva e contribuíram positivamente em favor do avivamento que culminou na virada do século XIX, com datas, locais e idéias de suas pregações e denominações a que pertenciam.

Todos os precursores pregaram e ensinaram basicamente sob pontos básicos das doutrinas do pentecostalismo, tais como: restauracionismo, cura divina, batismo com o Espírito Santo e a iminente volta de Cristo.

1820 – Os Irmãos de Plymouth

John Nelson Darby foi um clérigo que deixou a Igreja

Anglicana, a instituição religiosa oficial da Inglaterra, para se aliar ao movimento dos Irmãos de Plymouth. Ele nasceu em Londres em 1800, no seio de uma acomodada família irlandesa. Depois de um período brilhante de estudos na Universidade de Dublin, renunciou a carreira de advogado para consagrar-se ao serviço de Deus. Ordenado pastor anglicano em 1826, iniciou seu ministério em uma pobre e rude comarca da Irlanda, entregando-se com muito ardor e zelo ao trabalho missionário. Durante esse tempo, adquiriu a convicção de que não somente as igrejas oficiais, mas também as denominações tradicionais, estavam muito longe de representarem o Corpo de Cristo.

Darby demitiu-se de suas funções e entrou em contato com outros cristãos que, como ele, achavam-se iluminados unicamente pela luz das Escrituras.

Alguns começaram a reunir-se com ele, independentes de toda organização, na cidade de Dublin. Outros grupos formaram-se ao mesmo tempo na Inglaterra e na Suíça, França e Alemanha, como também na América do Norte.

J. N. Darby, que somava à sua humilde piedade uma cultura intelectual excepcional, um espírito aberto e uma capacidade de trabalho grandiosa, consagrou-se integralmente até a morte, ocorrida em 1882 (em Bournemoth, Inglaterra), à propagação, por sua palavra e por sua pena, das verdades contidas na Palavra de Deus. (*Estudio sobre el Libro de Apocalipsis*, pp.7,8, Editorial Clie, Barcelona, 1990)

Darby participou das Conferências de Profecias durante o ano de 1820. Com os eventos políticos gerados pela Revolução Francesa e a guerra de Napoleão, suscitou na Europa protestante um grande interesse pelas profecias. Os articulistas e teólogos identificaram-se nestas crises e relacionaram-nas no contexto bíblico, com o fim de justificar suas teorias. Evangélicos da Europa viam que essas profecias estavam se cumprindo por causa da guerra e, por outro lado, os evangélicos da América do Norte, com seus interesses econômicos na comunidade internacional, anunciavam que o Milênio estava bem perto de sua realização. Em conseqüência disso, evangelização, missões e as reformas sociais eram imperativos.

Nesse contexto, Darby foi radicalmente diferente. Segundo seu entendimento, a história bíblica foi dividida em sete dispensações, que serão consumadas seguindo uma ordem de um calendário profético, em que a Igreja será arrebatada secretamente através de um milagre antes da Grande Tribulação, que por sua vez, terá uma duração de sete anos. Em seguida, Cristo voltará para reinar na Terra por mil anos. Darby nunca marcou data para esses eventos, mas ficou com as recomendações de Jesus, de que todos vigiassem e orassem no aguardo da volta de Cristo para qualquer momento. Darby, já naqueles dias, fazia uma linha distintiva entre Israel e a Igreja. Segundo ele, não há qualquer relacionamento entre ambos, pois cada um segue seu próprio contexto escatológico.

Os Irmãos de Plymouth tiveram sua origem em Dublin, Irlanda, quando um grupo de pessoas, desejosas de uma comunhão espiritual baseada nos princípios do Novo Testamento, começou a reunir-se. O mesmo também aconteceu em Plymouth e Bristol, na Inglaterra. John Nelson Darby, que veio se destacar como um dos principais líderes do movimento, organizou várias congregações na Inglaterra e visitou os EUA, onde iniciou outros grupos.

George Müller, fundador e diretor do famoso orfanato de Bristol, identificou-se e uniu-se com os Irmãos de Plymouth. Encontraremos mais adiante informações de missionários que foram enviados ao Brasil, como prova do zelo missionário que se manifestava entre eles.

As doutrinas escatológicas, como o "Arrebatamento da Igreja", hoje aceitas pelo Movimento Pentecostal, foram definidas por Darby.

1830 – Joseph Smith, com sua pretensa revelação divina dada por um anjo, deu origem ao movimento de "restauração" denominado de Mormonismo.

1842 – Paralelo aos movimentos de busca do avivamento, houve outros seguimentos em busca dos ideais da restauração, tais como os Adventistas do Sétimo Dia, que tiveram seu início com as pregações bombásticas e painéis demonstrativos da iminente volta de Cristo à Terra, com data marcada para o dia 21 de março de 1842, e depois adiada para 21 de março de 1844, por Guilherme Müller.

1864 – No cenário da cultura religiosa da América, aparece uma mulher que veio marcar profundamente o futuro do movimento pentecostal: Mary Woodworth Etter, nascida em Ohio em 22 de julho de 1844. Suas primeiras experiências religiosas foram associadas à Congregação dos Discípulos de Cristo.

Mais tarde, quando ela resolveu exercer um ministério evangelístico e veio sofrer restrições por pregar em público entre os Discípulos de Cristo, uniu-se aos "Quakers", que, por sua pregação, aceitaram o pentecostalismo. Etter tornou-se pioneira das cruzadas de salvação e cura divina, e exerceu um poderoso e intenso ministério itinerante através da América. Segundo seu próprio testemunho, ela recebeu uma experiência, que considerou ser o batismo com o Espírito Santo, em resposta às orações por uma unção, para uma maior eficiência no trabalho na causa de Cristo. Ela disse: "Fui batizada com o Espírito Santo, cujo poder jamais me deixou".

Após essa experiência passou a pregar intensamente e registrou centenas de conversões. Suas campanhas foram marcadas por pessoas em transe, o que ocorria com freqüência, bem como os que caíam no solo, aparentemente inconscientes. Logo após se levantarem, testificavam que haviam passado por profunda experiência enquanto estavam naquele estado. Mary Woodworth Etter atuou em seu ministério intensamente com apoio dos pentecostais, e mais tarde manteve sua filiação com as Assembléias de Deus até 1924, ano em que faleceu.

1867 – Na Igreja Metodista, George Watson pregava o batismo com o Espírito Santo como fonte de poder santificador.

1872 – As Testemunhas de Jeová, movimento iniciado em

1872 por Charles Taze Russel, através de sua pregação e escritos, fundou em Filadélfia a Sociedade do Farol de Sião, que anunciava o estabelecimento do Reino de Deus no ano de 1914.

1876 – No Movimento de Vida Profunda, G. Campbell Morgan e outros companheiros de ministério defendiam uma mensagem cristocêntrica e serviço à causa como os principais temas de suas pregações. Charles G. Finney também aliou-se a esse movimento, e revela em sua autobiografia sua experiência do poder do Espírito Santo, que incluía o falar em línguas. Nesse mesmo movimento alinharam-se os wesleyanos que, por sua vez, foram motivados pelos ensinos de John Wesley sobre a perfeição cristã, e de Charles Wesley, por hinos que descreviam experiências poderosas.

1880 – A. B. Simpson, pastor presbiteriano e professor de teologia, deixou o pastorado de uma igreja para fundar a Aliança Cristã Missionária, agências interdenominacionais para um trabalho evangelístico e um instituto bíblico de treinamento missionário. Simpson insistiu mais, dizendo que o verdadeiro poder espiritual é resultado do batismo com o Espírito Santo. O seu poderoso ministério foi enfatizado e marcado pela cura divina. Para ele, Cristo era o médico que curava, santificava e batizava com o Espírito Santo. Assim, muito influenciou o pentecostalismo.

Dwight L. Moody, pastor congregacional, fundou o famoso Moody's Chicago Bible Training Institute, que se tornou um centro de ensino e divulgação do evangelho, cujo teor salientava a pessoa e obra do Espírito Santo. Sua escola, suas campanhas de avivamento evangelístico em Northfield atraíram cristãos protestantes de várias classes, incluindo mulheres e negros. Moody declarou ter tido uma vida transformada com o batismo com o Espírito Santo.

São palavras textuais de Moody: "Há duas épocas de minha vida em que fui purificado. Uma, foi quando eu estava entre 18 e 19 anos de idade, quando nasci do Espírito. Jamais haverá maior bênção para o homem nesta Terra do que nascer de novo, nascer para cima, ter a natureza de Deus implantada nele. Deus tem sido bom para mim. Ele tem não somente me mostrado, mas também me abençoado; mas a maior bênção, e logo após ter nascido, veio após 16 anos, quando fui cheio do Espírito, e isto jamais me deixou".

É impossível considerar um homem como Moody, que marcou profundamente a história do reavivamento e evangelismo com tanto êxito, que não fosse um verdadeiro pentecostal (ver sua obra no livro da CPAD, *A Vida e a Obra de D. L. Moody*, de Boanerges Ribeiro).

1882 – Adoniran Judson Gordon, pastor batista de Boston, escreveu livros e periódicos sobre a cura divina, e tal foi a sua fama que ultrapassou as fronteiras da América e chegou à Europa. Discordou de seus contemporâneos, que insistiam em defender a idéia de que os milagres de curas divina tinham sido reservados somente para a era apostólica.

1890 – Rússia e Armênia. Demos Shakarian (fundador da ADHONEP) relata em seu livro, *O Povo mais Feliz da Terra*, acontecimentos em uma região tão distante do continente americano que não deixa dúvida sobre as evidências da operação do Espírito Santo, pois não havia qualquer ligação humana entre esses pólos. Os protagonistas de tais acontecimentos eram pessoas pertencentes à Igreja Ortodoxa. Isto se deu entre camponeses russos que foram impulsionados, após receberem a experiência do batismo com o Espírito Santo, falando em línguas estranhas, ao visitarem o país vizinho, Armênia, em uma localidade por nome Kara Kala. Entre tantas manifestações, houve profecias, dadas pelo Espírito Santo, que tiveram seu cumprimento:

Era 25 de maio de 1891. "Disse Magardish Mushegan à avó:

– Goolisar, o Senhor acaba de falar-me!

As costas da avó endireitaram-se:

– Foi, Magardish?

– Sim, Ele deu-me uma mensagem para você, Goolisar; dentro de um ano darás à luz um filho".

O velho avô tomou conhecimento da profecia e marcou a data no calendário, e no dia 25 do mês de maio de 1892, exatamente um ano após, a avó deu à luz um menino que recebeu o nome de Isaac, um autêntico "filho da promessa".

O falar em línguas, a cura divina e outros dons do Espírito Santo, diziam eles, "... estão na Bíblia".

É necessário destacar que na época não havia qualquer ensino sistemático sobre o pentecostalismo, pois o termo não era usado até então. É importante ressaltar que a família de Demos Shakarian, ao imigrar para os Estados Unidos, foi dirigida por Deus, através de uma profecia, que deveriam fixar seus lares na costa Oeste do país.

"Los Angeles foi a cidade americana que mais cresceu entre 1880 e 1910. Em 1900, ela possuía 100 mil habitantes; em 1906 (ano da explosão pentecostal), 130 mil; e em 1910 atingiu os 230 mil moradores. Entre negros, mexicanos e japoneses, estavam também imigrantes europeus. Em 1910, 75% da população eram de pessoas provenientes de imigrantes ou filhos de imigrantes". (*Na Força do Espírito*, Leonildo Silveira, p.110)

Nesta mesma ocasião, ao estabelecerem-se nessa cidade, tomaram conhecimento do movimento da rua Azusa 312, e admiraram-se pelo fato de o Pentecostes haver chegado também ali, uma terra tão distante, do outro lado do mar. (*Op. cit.*, 25,26)

1893 – John Alexander Dowie, pastor congregacional, fundou o Tabernáculo Shiloh, no Estado de Illinois. O templo levantado por Dowie foi originalmente concebido como um lugar exclusivamente de adoração, com capacidade para oito mil pessoas sentadas. Sua pregação era enfática sobre salvação e cura divina. Fundou um periódico denominado *Folhas de Saúde.* Este boletim publicava seus sermões e os testemunhos de curas. Esse movimento alcançou uma expansão tão grande que em pouco tempo atingiu cerca de vinte mil seguidores. Em decorrência de sua posição radical contra a medicina corrente e médicos da época, ganhou muita oposição e até perseguição da classe médica e das autoridades.

1894 – Charles Price Jones, pastor batista, liderou as primeiras convenções de santidade interdenominacionais sem finalidades sectárias. Compareceram delegados do Arkansas, Tennesee, Missouri, Illinois, Carolina do Norte, Alabama e Geórgia, reuniões essas realizadas em Selma, Alabama, representando várias igrejas, com número acentuado de líderes negros e brancos. Mais tarde, em 1907, pastor Jones encontrou-se com o pastor Charles H. Mason, que estivera com William Seymour em Los Angeles. Desse contato ele veio a conhecer e receber o revestimento do poder do Espírito Santo, que tanto anelava. (Camp Meeting era o acampamento para reuniões de oração e estudos bíblicos. Concluímos que esse sistema era inovador para a época, por se tratar de reuniões de estudos informais, com objetivos definidos de buscarem mais luz da verdade e o poder de Deus; concluímos também que, no Brasil, desde o início da obra pentecostal, os pioneiros seguiram o método, principalmente na formação de obreiros leigos.)

1896 – Johann Christoph Blumhardt, pastor luterano do Sul da Alemanha, trouxe outro testemunho longe da esfera da América. Segundo seu próprio relato, também fortaleceu as expectativas americanas com respeito ao movimento pentecostal. O tal movimento, apesar de muito divulgado, não foi muito aceito em sua denominação (Igreja Luterana Alemã). Blumhardt encontrou um membro de sua paróquia que afirmou ter sido endemoninhado e depois liberto.

Blumhardt começou a ver um avivamento em sua congregação. Para sua surpresa, viu um grande aumento na freqüência aos cultos regulares, e as pessoas, que vieram receber a comunhão e absolvição deixavam um testemunho de cura divina. Como conseqüência, deixou sua paróquia porque a Igreja Luterana não estava acostumada com esse tipo de despertamento. Com a ajuda do rei de Wurttemberg, foi para uma cidade por nome Bad Boll, onde passou o resto de sua vida pregando ao povo, onde continuou seu ministério com aquelas pessoas que vinham de muitos países, em busca de avivamento espiritual e também a cura para seu corpo físico.

1898 – Charles H. Mason foi o fundador da "Igreja de Deus em Cristo", um dos segmentos do reavivamento. Elsie Mason, a viúva de Mason, registrou os primeiros dias de reuniões ao ar livre, as tendas de reavivamento e as perseguições no interior do país. Registrou também o sofrimento daqueles tempos e as lutas particulares dos pentecostais negros. Eles não eram admitidos nos hotéis naqueles dias, a não ser como empregados. Durante as convenções em Memphis, alguns dormiam em diferentes lares e outros nos bancos das igrejas.

Os negros sempre ficavam separados dos brancos. Certa vez, o bispo Mason enfrentou um incidente quando um homem branco o abraçou em uma de suas reuniões em Nashville, Tennessee, e isso causou um tumulto entre as pessoas brancas. Porém, o Senhor sempre tomou cuidado dele. Ele não se afastava das outras raças. Ele sempre dizia: "Todas as almas são de Deus". (*Pentecostal Evangel*, 18 de maio de 1997)

Frank Sandford fundou uma Escola Bíblica no Estado de Maine, em 1895. Outrora fora ministro da Igreja Batista Livre. Ele era muito relacionado com o evangelista Moody e R. A. Torrey através das conferências em Northfield. Exerceu um ministério de evangelização independente, com intensa atividade e realizações em outros grandes centros da obra que idealizava. Ele se preocupava muito com a restauração da experiência apostólica. Ao examinar o livro de Atos dos Apóstolos, encontrou uma disparidade entre a religião denominacional e o cristianismo apostólico primitivo do Novo Testamento. Assim, veio a enfatizar a necessidade de os crentes receberem o batismo com o Espírito Santo como uma distinta experiência após a conversão. Esse homem influenciou decisivamente Charles Fox Parham, quando este passou algum tempo em Maine, conhecendo a Escola Bíblica Espírito Santo. Mais tarde, Parham adotou esse modelo educacional para a sua escola em Topeka.

1900 – Charles Fox Parham, um dos cinco filhos de William e Ann Parham, nasceu em Muscatine, porto do rio Mississipi, cidade a leste de Iowa, em 4 de junho de 1873. Obreiro leigo, pregador itinerante e eloqüente e dono de uma personalidade carismática, fundou o Movimento da Fé Apostólica, com o objetivo de restaurar a fé da Igreja primitiva. Charles F. Parham procurou estabelecer um parâmetro entre a Igreja do primeiro século e a de seu tempo, verificando assim a grande diferença. Além de fundar o Movimento da Fé Apostólica, também organizou o Instituto Bíblico "Bethel College", em Topeka, Kansas, EUA.

Para esse instituto, alugou uma mansão, construída por E. R. Stone, em um terreno de 4.000 metros quadrados, que, por falta de dinheiro, nunca chegou a terminar, sendo mais tarde apelidada de "tolice de Stone". Quarenta pessoas (inclusive dependentes) constituíam um instituto *sui generis*, pois não se tratava de formar doutores e acadêmicos em teologia, mas simplesmente preparar obreiros leigos e suas famílias, interessados em estudar a Palavra de Deus. Assim, eles atenderam ao convite que fora feito aos crentes e pastores por Charles F. Parham, os quais estavam dispostos a renunciar tudo, vender o que possuíam e entrar para a Escola, exclusivamente para estudar e orar.

No final do ano de 1900, os alunos começaram a estudar sobre o batismo com o Espírito Santo. Eles decidiram ficar até mais tarde nesse dia, para receber o batismo com o Espírito Santo e fogo (termo específico usado por eles), indicando claramente que oravam por uma experiência de acordo com o que havia sido ensinado por Parham. Encontravam-se entre eles Agnes Ozman e duas outras mulheres.

O nome de Agnes Ozman tornou-se muito familiar aos primeiros pentecostais (ela mais tarde manteve sua filiação com as Assembléias de Deus). Nascida em Albany, Wisconsin, em 15 de setembro de 1870, mudou-se no ano seguinte para o

Nebraska e experimentou uma vida dura de colona de fronteira. Assim cresceu, até atingir sua maturidade. A família tinha fortes inclinações religiosas, e Agnes e seus cinco irmãos freqüentavam a Igreja Metodista Episcopal. Ainda jovem, Agnes inscreveu-se em um grupo de estudo bíblico patrocinado pela YMCA (Associação Cristã de Moços). O grupo de discussões a convenceu de sua necessidade de ser batizada por imersão, o que ela veio a fazer na Igreja Cristã local. Também aceitou o ensino pré-milenial e obteve a experiência de uma cura milagrosa de pneumonia.

Durante o inverno de 1892, até 1893, Ozman assistiu a uma Escola Bíblica em St. Paul, Minnesota. Quando o seu diretor, T. C. Horton, fechou aquele estabelecimento para começar um trabalho evangelístico de tempo integral em 1894, Ozman mudou-se para Nova Iorque, para continuar seu treinamento no Instituto Bíblico presidido pelo pastor A. B. Simpson. Lá, ela ficou intrigada com a forte experiência e ênfase no Espírito Santo e descobriu um trabalho muito atrativo para recuperar missões. Após ter deixado a escola, freqüentou uma reunião de acampamento no Velho Pomar da Praia, no Estado do Maine, de onde viajou para Nebraska, via Chicago, onde visitou o "lar de cura divina" do pastor Alexander Dowie. Ozman posteriormente dedicou-se a missões na cidade de Kansas, onde ouviu sobre os planos do pastor Parham para abrir uma escola em Topeka, e decidiu inscrever-se.

Com trinta anos de idade, ela reconheceu que não tinha vocação para colona, nem para formar um lar. Ozman falhara ao perambular de um lado para outro, buscando algo muito vago como realidade espiritual. Apesar de estar inclinada ao ensino ou ministério, gostaria de receber tão depressa fosse possível uma nova experiência, que mudaria seus rumos.

Em 1912, Ozman disse que na Escola de Parham, na passagem do ano de 1900, ela e mais outras pessoas ficaram orando juntas, quando falou três palavras em outras línguas. A isto, ela declarou: "Foi uma experiência sobrenatural e estava guardado em meu coração como sagrado; o Senhor tinha nos enriquecido a cada um de nós e nada foi falado a respeito até ultimamente".

Ozman relatou que, semelhantemente, outros estudantes como ela dedicaram um bom tempo à oração. Durante o culto da noite de 1° de janeiro de 1901, tendo um desejo de ser batizada com o Espírito Santo e fogo, perguntou a Parham se ele imporia as mãos sobre ela e os outros, assim como foi nos dias dos apóstolos, a fim de que recebessem a experiência. Ela disse: "Falei em línguas conforme Atos 2.1 e 19.6, de modo semelhante, quando o apóstolo Paulo impôs as suas mãos sobre os discípulos de Éfeso, e o relato bíblico acontecido no Cenáculo em Jerusalém, quando foram vistas línguas como de fogo".

O pastor Parham e seus 40 primeiros alunos foram unânimes em concordar que a evidência do batismo com o Espírito Santo era o falar em línguas. Confirmava o resultado dos estudos a que chegaram. Segundo o relato de Parham, e também confirmado por Ozman, o qual afirmava que ela falou chinês por três dias, período em que não podia falar seu próprio idioma e nem escrever.

Cenáculo em Jerusalém, Israel, tido como o local de freqüentes encontros entre Jesus e seus discípulos.

Dr. A. B. Simpson, fundador da Aliança Cristã Missionária.

John Alexander Dowie, fundador do grande Centro Evangelístico e Cura Divina em Zion, Estado de Illinois, EUA.

Mary Woodworth Etter, pioneira de campanhas de cura divina e salvação, EUA.

Charles F. Parham, de frente no centro e o Grupo do Apostolic Faith, no Bryan Hall, Houston, Texas, EUA.

A Mansão de Stone, também chamada de Tolice de Stone. O dono dessa construção nunca conseguiu terminá-la. Nesse local, na cidade de Topeka, em Kansas, foi fundado o Instituto Bíblico "Bethel College".

Reunião em acampamento para estudos bíblicos e oração. Compareciam membros e obreiros, em Houston, 1906.

Camp Meeting. O povo de Houston se preparava para receber a mensagem de Charles F. Parham, em 1906.

William J. Seymour e sua esposa Jennie.

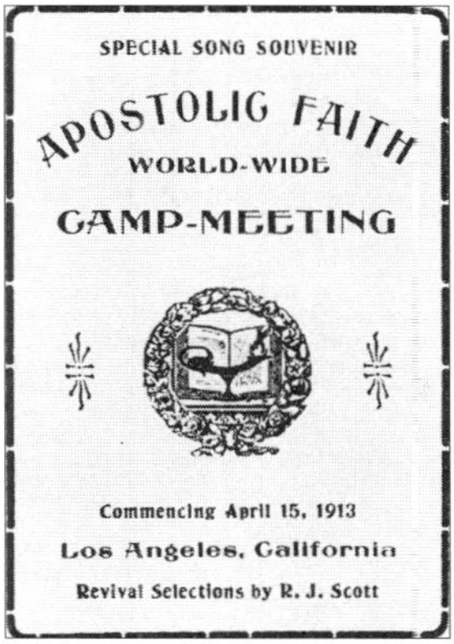

Hinário usado em 1913, nas campanhas e reuniões.

William Durham, à direita, e seu companheiro Harry Van Loon. Missão da Avenida Norte, em Chicago, Illinois, EUA.

E.N. Bell, líder do Movimento da Fé Apostólica no Texas, EUA.

Thomas B. Barrat, o grande pioneiro da Escandinávia e responsável pela chegada do avivamento pentecostal na Suécia.

Um grupo de líderes da Confraternização Pentecostal da América do Norte. Atrás em pé, da esquerda para a direita, Demos Shakarian (fundador da ADHONEP), Wesley Steelberg, C.E. Britton, R.D. Heard, Howard Rusthoi. Na frente da esquerda para a direita: W. L. Chesser, E.S. Williams, David du Plessis, Rolf Mc Pherson, Ray Hughes.

Pregador durante a realização da Terceira Conferência Mundial Pentecostal, Gayle F. Lewis, ao microfone, em Trafalgar Square, Londres, Inglaterra, 1952.

Primeiro templo da ASSEMBLÉIA DE DEUS em Belém do Pará.

Missionários suecos no Brasil em 1930, ano em que se realizou a 1ª Convenção Geral das Assembléias de Deus, em Natal, RN. Sentados da esquerda para a direita, Daniel Berg (primeiro) e Gunnar Vingren (terceiro).

Obreiros da Assembléia de Deus de Belém do Pará.

Daniel Berg e esposa, em visita ao Brasil, em 1961.

Membros da Assembléias de Deus em São Paulo, SP.

Missionário Samuel Hedlund e família.

O Pentecostal Azusa Revival Museum, em Los Angeles, EUA, situado na 216 Bonnie Brae Street, antiga residência de William J. Seymour.

O autor ao lado do piano que foi usado pela esposa de William J. Seymour, Jennie. Ela tocava e cantava em línguas estranhas.

A rota da expansão do Movimento Pentecostal no mundo.

Capítulo 5

O Pentecostalismo Moderno

Oficialmente, 1901 é considerado o ano do início do despertamento pentecostal moderno. Até aqui relatamos a atuação das pessoas que figuraram como precursoras, usadas por Deus, para a manifestação do movimento do Espírito Santo. É de se notar que antes houve muitas manifestações do poder de Deus, entre os mais notáveis líderes que fizeram a história da Igreja desse período. Também não conheciam as manifestações sobrenaturais do poder de Deus, pois não havia uma mente humana forçando-os a aceitar algum método preconcebido. Respeitamos e admiramos as descrições das experiências do poder de Deus feitas pelas testemunhas daquele tempo. Não aparece qualquer nome que centralize as idéias do movimento pentecostal. Glorificamos a Deus, pois é o Espírito Santo o articulador desse movimento.

J. R. Flower, um dos muitos precursores do movimento, pela primeira vez deparou-se em uma reunião na Missão Pentecostal, em Indianápolis; quando estava nos fundos do recinto, em atitude de espanto e pasmo, ele ouviu um coro celestial!

Sua futura esposa, Alice Reynolds, lembrou-se de mais alguma coisa notável nesse culto: "De lá se ouvia um murmúrio baixo vindo de todas as direções sob a congregação. Crescia em um volume intenso até que seis pessoas estavam sob seus pés cantando em rica harmonia um hino no Espírito. Os olhos deles estavam cerrados, mas não havia nenhuma confusão; estas pessoas moviam-se de seus lugares da frente da sala, onde em pé, juntos, cantavam em línguas em um maravilhoso uníssono, em partes muito bem hamoniosas". (*The Acts of Pentecost,* pp. 78,79)

O Reavivamento de Galena – Em 1903, como resultado da notável cura em Eldorado Spring, Missouri, de Mary Arthur, originária de Galena, Kansas, Charles Parham foi convidado para ir até Galena. A comunidade afluiu para as reuniões, a fim de ouvir o homem cuja oração tinha trazido cura para seus vizinhos. O reavivamento de Galena, que se seguiu, veio se tornar um ponto a mais no ministério de Parham. Ele dirigiu por vários meses as reuniões; primeiro, em tendas e, depois, em um clima agradável, num armazém para 2.000 pessoas sentadas. As reuniões receberam cobertura do jornal de Kansas City e de Topeka. Centenas foram salvos, curados e cheios do Espírito Santo. Em Galena, o Movimento da Fé Apostólica ganhou jovens evangelistas dedicados que ajudaram a espalhar sua influência. Depois do avivamento de Galena, Parham e sua Banda da Fé Apostólica, formada primeiramente de jovens convertidos entusiastas, viajavam do oeste do Missouri ao leste do Kansas; e tanto de Oklahoma como do Texas. Estavam sempre anunciando a presença deles na cidade, desfilando nas ruas principais. Com bandeiras onde se lia: "Movimento da Fé Apostólica", cantavam hinos, conduziam os curiosos para o local alugado especificamente para reuniões na rua (ao ar livre), com abordagens rápidas de casa em casa. (*Op. cit.*, 62)

1905 – Thomas Ball Barrat foi pastor metodista inglês radicado na Noruega, na cidade de Cristiânia, hoje Oslo. Em visita aos Estados Unidos, após estar em várias igrejas, escreveu uma carta ao seu país (sua igreja) datada de 8/10/1906 (quando estava em Nova Iorque) na qual dizia que no dia anterior, um domingo, entre cinco e seis horas da tarde, havia recebido o batismo com o Espírito Santo.

Sua viagem tinha o propósito de angariar fundos para seu trabalho na Noruega, a fim de ajudar as pessoas marginalizadas. Não foi bem-sucedido, pois não havia disposição das igrejas para esta ajuda. O que mais chamou a atenção dele, foi o avivamento que acontecia nos Estados Unidos. Voltando ao seu país, levou a mensagem e muitos foram salvos e batizados com o Espírito Santo. O primeiro culto após seu regresso, que era muito esperado, estendeu-se até às 6:00 da manhã e muitos foram batizados com o Espírito Santo. Por causa dos resultados de sua pregação, foi expulso de sua denominação. Até o final de 1907, o avivamento havia se estendido a muitas cidades e países: Dinamarca, Inglaterra, Alemanha e Índia. Os primeiros líderes do movimento foram: Nils Sœnsen, Ludwig Bratlir Parley Gulbrandsen, M. H. Soether e o jornalista Andersen.

William J. Seymour, um obreiro leigo, nascido em 1870, filho de pais escravos na Louisiana, é informado sobre o despertamento através da divulgação dos acontecimentos em Topeka, no Bible College. Em Houston, um pastor "holiness" converteu-se ao pentecostalismo e causou uma divisão em sua igreja, levando consigo o jovem Seymour. Atraído pela mensagem de Charles F. Parham, abriu uma nova Escola Bíblica em Houston, Texas, e veio ocupar um papel muito importante na história do avivamento americano. Seymour não tinha uma grande aparência, e era cego de um olho, mas com outros negros se interessou pela mensagem do Movimento da Fé Apostólica.

Transferindo-se para Los Angeles, Califórnia, iniciou suas pregações em uma casa de família na Bonnie Brae Street, para um público misto, um grupo pertencente ao movimento "holiness". Mas tão logo terminou seu sermão sobre o batismo com o Espírito Santo, foi expulso da igreja pela pastora e passou a realizar reuniões em casas de família simpáticas às suas pregações, inclusive em sua própria residência, na mesma rua, 216 Bonie Brae Street.

Em um domingo, 9 de abril de 1906, o próprio Seymour e outros sete irmãos receberam o batismo com o Espírito Santo. A manifestação do poder do Espírito logo atraiu muitos curiosos e outros interessados em conhecer a evidência bíblica de um autêntico batismo com o Espírito Santo, conforme o relato do Novo Testamento. Precisando de um espaço maior e de fácil acesso, Seymour descobriu um templo da Igreja Metodista Episcopal Africana, que se achava abandonado, na rua Azusa 312, local ideal para desenvolver seu trabalho.

Nessa localidade foi fundada a Apostolic Faith Gospel Mission. Seymour, a quem Deus distinguiu de forma extraordinária, tinha a humildade como segredo de sua autoridade e poder, e as pessoas que falavam com ele saíam convictas de que ele era um homem que andava e falava com Deus.

Foi nesse local, em um velho templo, que se iniciou o movimento sob o nome The Apostolic Faith Mission. Diversos visitantes protestantes foram atraídos para esse local, e entre eles muitos voltavam convertidos ao pentecostalismo. Aí apareceu também o pastor batista William H. Durham, que se tornou uma figura importantíssima para a história do pentecostalismo brasileiro.

Na primeira fase do pentecostalismo no Brasil, chegou aqui, em 1910, Luigi Francescon, de confissão valdense, que emigrara da Itália para os Estados Unidos e recebeu o batismo com o Espírito Santo na Missão da Avenida Norte, de William H. Durham, em Chicago. Francescon, depois de pregar em várias partes dos Estados Unidos à sua própria gente, fundando igrejas entre imigrantes italianos na Pensilvânia e Califórnia, em 1909 seguiu para a Argentina, e em 1910 veio para o Brasil, onde fundou em São Paulo a Congregação Cristã no Brasil, começando seu trabalho entre os italianos imigrantes, a exemplo do que já havia feito nos Estados Unidos. Durham havia passado algum tempo em Los Angeles, na rua Azusa, e constituiu em Chicago um dos ciclos pentecostais mais importantes da América do Norte.

Ainda sobre os acontecimentos da rua Azusa 312, Los Angeles, apenas para mostrar que até hoje é motivo de destaque os estudos e a análise dos pesquisadores desta matéria, o escritor e professor do Seminário de Dallas, Jack Deer, em seu livro *Surpreendido pelo Espírito*, p. 91, diz o seguinte: "Em 18 de abril de 1906, o Los Angeles Times noticiou acerca de um novo e estranho reavivamento que estava sacudindo a cidade". Sob o título "Estranha Babel de Línguas", o repórter assim discorreu sobre o acontecimento:

"Reuniões estão sendo efetuadas numa cabana da rua Azusa, perto da rua São Pedro. Os devotos da estranha doutrina praticam os ritos mais fanáticos, pregam as mais loucas teorias e esforçam-se até a excitação em seu zelo peculiar. Negros e um minguado número de brancos perturbavam a vizinhança devido aos uivos dos adoradores. Estes passam horas balançando o corpo para a frente e para trás, numa atitude nervosa de orações e súplicas. Eles afirmam que possuem o dom de línguas, e dizem-se capazes de compreender semelhante babel".

Naquele mesmo dia, ocorreu o grande terremoto de São Francisco, que destruiu grande parte da cidade. Quando o abalo foi sentido por aqueles que se achavam reunidos na rua Azusa, "um tremor espiritual" sacudiu a reunião de maneira singular e inexplicável.

Embora os abalos sísmicos fossem sentidos em toda a costa do Estado da Califórnia, os efeitos de terremoto espiritual da rua Azusa mostraram-se mais fortes e espalharam-se por todo país. O reavivamento, que prosseguiu ininterruptamente por três anos, deu origem ao moderno pentecostalismo.

O movimento da rua Azusa 312 foi forte e chamou a atenção até de jornais seculares, que enviaram seus repórteres para descrever os fatos que lá ocorriam, com o intuito de divertir seus leitores. O poder divino pousava sobre a congregação e o desejo de santidade dominava as almas. Repentinamente, brotavam os louvores dos corações e muitos eram batizados com o Espírito Santo e falavam em línguas; uns profetizavam, outros ainda cantavam hinos espirituais. O pastor Seymour não era um eloqüente pregador, mas seu coração ardia de zelo pela pureza da obra do Senhor Jesus, e sua mensagem era vivificada pelo Espírito Santo.

Ele pregava a Palavra de Deus, anunciava a promessa divina do batismo com o Espírito Santo. A seguir sentava-se no púlpito, e tendo o rosto entre as mãos, orava para que Deus operasse nos corações dos ouvintes. O que acontecia era algo indescritível. *The Apostolic Faith*, uma publicação mensal de quatro páginas, relatou em setembro de 1906, o seguinte: "As reuniões iniciavam as dez da manhã e não paravam antes das dez ou doze horas da noite, e algumas vezes iam até às duas ou três da madrugada, porque muitos eram curados de suas enfermidades e outros eram cheios do Espírito Santo e poder de Deus".

Isso atraiu pessoas de várias partes do país e do exterior, quando vinham para observar como era uma comunidade pentecostal e recebiam o avivamento. Voltavam para os seus locais de origem, levando a chama do fogo divino para os pontos mais distantes da Terra.

John Lake, que levou a Missão da Fé Apostólica para a África do Sul, por exemplo, não tinha dinheiro suficiente para fazer essa viagem com um grupo de colaboradores. "Eu precisava de US$2.000,00", recorda; "Eu não tinha nenhum centavo sequer. Em resposta a oração — uma oração que fiz secretamente em meu aposento — um desconhecido doador de Monrovia, Califórnia, um lugar em que jamais visitei, enviou-me quatro ordens de pagamento no valor de US$500,00 cada. Dizia o doador: 'Enquanto eu estava no banco, hoje, Deus disse para mim: envie US$2.000,00; é para uma necessidade, com propósito especial'. Com aquele dinheiro para a viagem, Lake e seu grupo de obreiros foram para a África do Sul em maio de 1908" (*The Acts of Pentecost*, p. 90).

A Extensão do Movimento da Rua Azusa

Missões estrangeiras do pentecostalismo americano tinham duas fontes principais de sustentação. A primeira foi o avivamento pentecostal na terra natal. O batismo com o Espírito Santo estimulou interesse em missões. Desafiado com as necessidades de um mundo perdido sob juízo, o batismo com o Espírito Santo levou as pessoas a buscarem oportunidades para se ocuparem no serviço no reino de Deus. A segunda fonte foi o reavivamento pentecostal nos campos missionários. Em alguns casos, missionários liam relatórios das reuniões na rua Azusa e de outros lugares. Em outros casos, a influência pentecostal passou aos campos missionários, atingindo obreiros de todas as denominações.

Ainda outros eventos sustentaram ou vieram reforçar o ponto de vista de que o reavivamento pentecostal foi parte de um despertamento espontâneo mundial. Notícias chegaram da Índia que o batismo com o Espírito Santo (com o dom de línguas) estava sendo recebido pelos nativos que eram ensinados sobre as coisas de Deus, como efeito dos relatos da missão da rua Azusa. Comunidades foram comovidas e transformadas pela maravilhosa graça de Deus. Curas, o dom de línguas, visões, sonhos, discernimento de espíritos, o poder para profetizar e orar, etc. Assim acontecia um grande avivamento na Índia. No momento era multiplicado o número dos evangelistas itinerantes nos EUA. O reavivamento se espalhou e crescia o número daqueles que sentiam uma chamada para os campos no Exterior. Muitas histórias emocionantes de orientação e providência divina marcaram estes primeiros capítulos nas missões pentecostais (*The Acts of Pentecost,* p. 89).

1907 – Lewi Pethrus, pastor da Igreja Batista Sueca, vai à Cristiânia, para ouvir o pastor Thomas B. Barrat pregar no "Tabernáculo". Após esse dramático encontro, Lewi Pethrus foi transformado: primeiro, pela mensagem; segundo, pelo batismo com o Espírito Santo. Em conseqüência disso, ao voltar para Estocolmo, sua igreja não mais aceitou seu ministério.

Juntamente com outras igrejas batistas que haviam recebido a mensagem pentecostal, abandonaram a organização, e desta tomada de posição surgiu a Igreja Filadelfia Pentecostal, em Estocolmo, Suécia, no ano de 1911. É desta igreja pentecostal da Suécia que a obra no Brasil mais tarde passou a receber apoio e assistência missionária.

A MISSÃO DA AVENIDA NORTE DE WILLIAM DURHAM

Chicago, Estado de Illinois. Nascido em Kentucky, em 1873, Durham foi batista antes de tornar-se um pregador independente da santidade. Ele pregou e praticou cura divina e viveu uma vida santa. Quando o reavivamento pentecostal rompeu na área de Chicago, em 1906, ele voltou sua atenção para as evidências bíblicas do batismo com o Espírito Santo. Cinqüenta de seus membros, que falavam em línguas em outra missão de Chicago, insistiram com ele para que buscasse o batismo pentecostal. Durham não duvidou tanto da sinceridade como da própria experiência, mas se opôs fortemente ao ensino de essas línguas serem evidência uniforme inicial. Somente após cuidadoso e longo estudo da Bíblia, ele reconheceu a validade da afirmação pentecostal. Uma vez que Durham estava agora certo e convicto da verdadeira manifestação do Espírito Santo e seus dons, foi para Los Angeles, na rua Azusa 312, onde ficou várias semanas e então recebeu o batismo com o Espírito Santo.

Após seu retorno para Chicago, a Missão da Avenida Norte tornou a ser um vibrante centro pentecostal. Lá, E. N. Bell, então um pastor batista em Fort Worth, foi batizado com o Espírito Santo, e outras pessoas receberam curas de suas enfermidades. Os participantes dos cultos os descreviam como marcados "por uma verdadeira presença de Deus". O barulho ocasionalmente também atraía a polícia. Em algumas vezes, as reuniões eram marcadas pelo cântico de "coros celestiais". Aqueles que haviam sido batizados com o Espírito Santo cantavam em línguas melódicas, que ecoavam por todo o recinto por uma hora ou mais.

Capítulo 6

O Pentecostalismo no Brasil

Em 1910, enquanto o avivamento conquistava terreno e dominava a vida religiosa na cidade de Chicago, fatos de alta importância estavam acontecendo também nas cidades vizinhas, entre dois jovens que estão ligados à história das Assembléias de Deus no Brasil.

Na cidade de South Bend, no Estado vizinho de Indiana, morava um jovem pastor batista chamado Gunnar Vingren. Atraído pelos acontecimentos do avivamento de Chicago, ele foi a esta cidade, a fim de certificar-se da verdade; e diante da demonstração do poder divino, creu e foi batizado com o Espírito Santo.

Gunnar Vingren nasceu em Ostra Husby, Ostergotland, Suécia, em 8 de agosto de 1879. Filho de pais crentes, aprendeu desde cedo a trilhar os caminhos dos santos, sendo batizado nas águas aos 18 anos de idade. Desde essa época, sentia fortemente as necessidades de outros povos e entregou-se à disposição de Deus para um dia evangelizá-los. Em 1903, viajou para os Estados Unidos. Ingressou então no Seminário Teológico de Chicago. Após a conclusão do curso em 1909, assumiu o pastorado da Primeira Igreja Batista de Menominee, Michigan, em cuja função participou da Convenção daquela igreja.

Na ocasião, os convencionais decidiram enviá-lo, juntamente com sua noiva, como missionários à Índia. Ele, porém, entendeu que esta não era a vontade de Deus e, resoluto, comunicou que não podia viajar. Em meio ao grande avivamento, uma irmã que possuía o dom de interpretação disse a Gunnar Vingren que ele somente seria enviado ao campo missionário quando fosse batizado com o Espírito Santo. Ao visitar a Conferência Batista de Chicago, após cinco dias de busca incessante, o Senhor o batizou com o Espírito Santo. Isto o fez voltar à sua Igreja e pregar a nova experiência, mas metade dos membros da congregação não o aceitou e não o desejou mais como pastor.

Nesse ambiente de avivamento espiritual ocorreu a sua chamada para o Brasil. Em uma reunião de oração, o Espírito Santo falou-lhe através do irmão Adolfo Uldin que deveria ir ao Pará. Na mesma ocasião, disse-lhe que se casaria com uma jovem chamada Strandberg. O encontro com Daniel Berg se deu nessa época. Juntos, foram a uma biblioteca para consultar os mapas e verificaram que o lugar mencionado na profecia localizava-se no Norte do Brasil, uma região tão distante que pensaram não ser esta a direção de Deus.

Antes de viajarem, Vingren doou o dinheiro disponível (90 dólares) a um jornal pentecostal. Naturalmente, este fato pode parecer estranho a qualquer pessoa; todavia, ele agiu consciente de que estava sob a direção do Espírito Santo. Num desses dias, quando Vingren meditava, o Senhor lhe disse: "Se tu fores, nada te faltará".

Em Nova Iorque, ele e seu companheiro encontraram-se com um irmão que se dirigia ao correio para enviar uma carta a Vingren, contendo 90 dólares. Ele e Daniel Berg entreolharam-se comovidos e gratos ao Senhor. Era o suficiente para as passagens.

Saíram de Nova Iorque em 5 de novembro de 1910, e aportaram no Brasil no dia 19 do mesmo mês.

1911 – Em Belém, Pará, foram encaminhados a um pastor batista, que os recebeu e permitiu morar no porão do templo. Ao chegarem à capital paraense, uniram-se à Igreja Batista, porque sempre pertenceram a esta denominação e, como vimos anteriormente, Gunnar Vingren chegou a pastorear igrejas batistas nos Estados Unidos. O pastor da referida igreja era também de origem sueca. Alguns meses mais tarde, após haver aprendido o idioma português (Daniel começou a trabalhar para poder pagar ao professor que ensinava português a Gunnar, e este, por sua vez, transmitia o que aprendeu a Daniel), começaram a pregar sobre o Pentecostes.

Vingren e Berg provocaram, com pregação pentecostal, uma dissensão naquela igreja. E assim, com dezenove membros, fundaram em 18 de junho de 1911 a Missão da Fé Apostólica, que mais tarde veio a chamar-se Assembléia de Deus. Tão logo os novos missionários puderam transmitir a mensagem do avivamento, pouco a pouco ia surgindo um movimento espiritual muito forte dentro da igreja, e alguns membros foram batizados com o Espírito Santo. A primeira pessoa batizada no Brasil com o Espírito Santo chamava-se Celina Albuquerque, e recebeu a promessa do Pai em 10 de junho de 1911. Outros mais iam recebendo o pentecostes. E assim, a maioria dos crentes ávidos por uma nova experiência com Deus, no sentido espiritual, creu na mensagem do batismo com o Espírito Santo.

Este novo componente na dinâmica espiritual da igreja despertou uma reação contrária na minoria, que em reunião convocada ilegalmente pelo seu superintendente da Escola Dominical, excluiu todos os irmãos batizados com o Espírito Santo. Este grupo de pessoas acompanhou os missionários, e assim fundaram uma obra que inicialmente tomou o nome de Missão da Fé Apostólica.

É impressionante o espírito abnegado dos dois missionários recém-chegados ao Brasil. Enquanto Daniel Berg trabalhava em uma fundição, Gunnar Vingren estudava português, e a noite passava o que havia aprendido ao companheiro. Quando Daniel conseguiu ajuntar a quantia de 300 mil réis, comprou bíblias, novos testamentos e evangelhos. Assim, passados três anos, ele havia distribuído 2.000 bíblias, 4.000 novos testamentos e 6.000 evangelhos. A obra que Deus lhes confiara fundamentou-se nas Escrituras Sagradas. Entre os 19 crentes expulsos da Igreja Batista de Belém do Pará estava o irmão José Plácido da Costa, português, que dois anos mais tarde fora enviado ao seu país de origem para pregar a mensagem pentecostal, em 4 de abril de 1913.

Em 18 de junho de 1911, funda-se a obra de Deus em Belém do Pará, com o nome de Missão da Fé Apostólica, que veio mais tarde a receber em 1918 o nome de Assembléia de Deus, que se estabeleceu na rua Siqueira Mendes, 79. Nesse mesmo tempo, quando foi registrado oficialmente o nome da igreja, não havia outra filiação com qualquer missão estrangeira.

Não se pode deixar de destacar a importância da escolha que Deus fez ao enviar os dois pioneiros para iniciar a obra no Brasil justamente na região Norte, quando quase todas as igrejas evangélicas tradicionais tinham entrado no país pelo Sudeste e Sul, que naquela época eram regiões mais adiantadas. Esta estratégia foi significativa para o futuro do movimento pentecostal no Brasil.

"As Assembléias de Deus, através de seus pioneiros, até agora cultivam sua memória, bem ao contrário de outra denominação" (CCB).

"Sua expansão se deu do Norte para o Nordeste, e alcançou o Sul do país em poucos anos, acompanhando a trajetória dos emigrantes nordestinos, que faz mais de um século deixaram suas terras em função das secas, dos latifúndios e da violência, e estabeleceram-se no centro-sul do país". (*Protestantismo, História e Pentecostalismo no Brasil*, p.103)

Em fevereiro de 1914 inicia-se uma era inusitada para o corpo de obreiros que então iria se formar, com a consagração do primeiro pastor, o irmão Absalão Piano, separado pelo missionário Gunnar Vingren.

Embora a igreja nascente no Pará, ao ser fundada, não tivesse qualquer vínculo ou filiação com organizações no exterior, os pioneiros não desprezaram a ajuda e cooperação dos irmãos americanos: "Nossos irmãos nos Estados Unidos nos ajudaram com sustento através dos pastores A. A. Holmgren e B. M. Johnson, para que pudéssemos continuar". (*Despertamento Apostólico no Brasil*, p.15)

1913 – Em fevereiro é consagrado Absalão Piano como o primeiro pastor brasileiro das Assembléias de Deus, por Gunnar Vingren; Isidoro Filho, o segundo; Crispiniano de Melo, o terceiro; e Pedro Trajano, o quarto.

1914 – Em 25 de outubro de 1914, chegam ao Brasil os missionários Otto e Adina Nelson (o terceiro casal), procedentes da Suécia, onde já vigorava o grande avivamento pentecostal, iniciado em 1907 com a experiência ocorrida com o pastor Lewi Pethrus, em contato com o servo de Deus, pastor Thomas Ball Barrat. Lewi Pethrus, mais tarde, fundou a Igreja Pentecostal em Estocolmo, na capital sueca, em 1910. Este é o início de uma íntima cooperação com o Brasil.

Assim se expressa Emílio Conde: "Os que conhecem a história do avivamento pentecostal, mesmo os líderes das diversas denominações, caem em grande erro quando afirmam que o presente avivamento pentecostal é uma invenção vinda da Suécia, ou foi ali fundado. Em capítulo anterior já mostramos quem foi o fundador deste movimento e quem é seu guia. Os que dizem esses disparates fazem-no baseados em deduções que tiram da íntima cooperação entre a Suécia e o Brasil". (*Testemunho dos Séculos*, p. 83, CPAD)

Naquele ano, 1914, em 2 de abril, na cidade de Hot Spring, Arkansas, à semelhança do primeiro concílio em Jerusalém, registrado nos Atos dos Apóstolos, reuniu-se um grupo de 300 ministros e delegados de igrejas pentecostais independentes de todo país, liderados pelo pastor E. N. Bell quando resolveram dar o nome ou a formação do *The General Council of the Assemblies of God* (Concílio Geral das Assembléias de Deus nos Estados Unidos da América).

1916 – Em 18 de agosto de 1916, chegam à cidade de Belém do Pará o pastor Samuel Nyström e sua esposa Lina, vindos da Suécia, via Estados Unidos. As viagens daqueles tempos eram feitas por navios, e eram grandes as dificuldades enfrentadas pelos missionários nesses trajetos, por causa da Primeira Guerra Mundial, que acontecia naquela época.

1917 – Em 16 de outubro de 1917, Gunnar Vingren casa-se com Frida Strandberg. Ela havia chegado ao Brasil em julho desse mesmo ano, e assim se cumpriu a profecia que o Senhor falara nos Estados Unidos, através do irmão Adolfo Uldin, de que ele "se casaria com uma jovem chamada Strandberg".

Capítulo 7

Cronologia Histórica

Segue-se uma cronologia histórica abreviada da seqüência do crescimento da Assembléia de Deus no Brasil:

1907 – Tom Mac-Intosh, que denominava a Assembléia de Deus como o povo de Israel no deserto, comentou vários livros do Antigo Testamento, e também foi batizado com o Espírito Santo. Esteve em Hong Kong em 1909 com sua esposa e os veteranos da rua Azusa, inclusive A. G. Garrs (*Acts of Pentecost*, p. 306).

1910 – 19/11 – Gunnar Vingren e Daniel Berg chegam ao Brasil, precisamente na cidade de Belém, capital do Pará.

1911 – 10/06 – Celina de Albuquerque recebeu o batismo com o Espírito Santo.

Houve batismo com o Espírito Santo antes de 1911?

Este depoimento é do pastor João Kolenda Lemos, diretor licenciado do IBAD, feito em 8 de fevereiro de 2001: "Fritz Machullat veio da Alemanha em 1870 e criou seus filhos no Brasil, os quais todos já são falecidos; vivem somente seus netos. Essa família mais tarde veio a se juntar com os Kolendas. Sempre foram tradicionalmente evangélicos, e muito piedosos. Essas duas famílias se reúnem regularmente e às vezes juntam 180 pessoas. A última reunião aconteceu na cidade de Veranópolis, RS, em 1999, fato lembrado por Lídia, uma das sobrinhas do velho irmão Fritz, sendo corroborada pelos demais primos, pois foram solicitados pelos demais para que historiassem alguma coisa sobre um dos patriarcas da família. Dizia uma das filhas que o pai, quando orava, entrava em seu quarto e fechava a porta para buscar a Deus. Ele orava, não em alemão, nem tampouco em português, mas em línguas estranhas. (Isto se refere ao ano de 1880, no Rio Grande do Sul.)

1911 – 18/06 – Funda-se a Assembléia de Deus em Belém, PA, com 19 pessoas.

1913 – Fevereiro – Absalão Piano, primeiro pastor separado por Gunnar Vingren.

1913 – 04/04 – José Plácido da Costa, primeiro missionário enviado a Portugal.

1914 – 2 a 12/06 – Reunião histórica que aconteceu na cidade de Hot Spring, no Estado de Arkansas, EUA, data em que se organizou a Assembléia de Deus. Os primeiros oito pastores eleitos para compor a diretoria foram: T. K. Leonard, E. N. Bell, Cyrus B. Tockler, John W. Welch, J. Roswel Flower, Daniel C. O. Operman, Howard A. Goss e M. M. Pinson, tendo como primeiro presidente o pastor E. N. Bell.

É oportuno lembrar as palavras de Thomas B. Barrat, pastor pentecostal de Oslo, Noruega:

"Com respeito à salvação por meio da justificação pela fé, somos luteranos. Na forma do batismo pelas águas, somos batistas. Com respeito à santificação, somos metodistas. Em evangelismo agressivo, somos como o Exército da Salvação. Porém, com respeito ao batismo com o Espírito Santo, somos pentecostais!

"Em outras palavras, nós cremos que a experiência dos quase cento e vinte em Atos 2.4: 'E todos foram cheios do Espírito Santo e começaram a falar noutras línguas, conforme o Espírito Santo lhes concedia que falassem' – é o modelo bíblico para os crentes de todos os tempos da Igreja". (Carl Brumback, *O Que Isto Quer Dizer?* p.169. Traduzido para o português em 1960.)

Com respeito ao "modelo pentecostal", conceituado pelo pastor Barrat, concordamos plenamente; porém, de acordo com uma análise, pelo tempo já passado, para ele não foi possível verificar o que aconteceu no Brasil, e então podemos acrescentar, diante do avanço que se deu nos demais continentes, o seguinte: Enquanto nos Estados Unidos, onde começou o Movimento Pentecostal moderno, houve um período de 14 anos para definir-se em uma organização que fosse representada legalmente, assim nasceu o Concílio Geral das Assembléias de Deus, com sede em Springfield.

Ao fazermos uma comparação em termos de crescimento verificado nos EUA, de acordo com o senso recente, e o que aconteceu no Brasil, a liderança americana, em vez de buscar um modelo próprio de estrutura eclesiástica quanto à expansão da Igreja, aproveitou muito dos batistas e outras organizações similares, principalmente no que diz respeito à igreja local. Tal teoria ensina que a implantação de igrejas deve obedecer um número X (25, 50, 100 membros), para se organizar uma igreja com personalidade jurídica que sustente todo ônus e mais o sustento do pastor presidente. Essa teoria e conceito de crescimento de igreja mais tarde foi difundido para América Latina, no campo missionário americano, através de uma obra escrita por Melvin Hodges. Aqui no Brasil foi traduzido por Orlando Boyer com o título *Eu edificarei minha Igreja.*

São observações feitas através de viagens missionárias, que tal sistema, com todo respeito que fazemos estas críticas, não deu os resultados desejados nos países subdesenvolvidos (pobres), pois com 25 membros arrolados em uma igreja (no caso Colômbia), não há possibilidade de se sustentar o seu pastor titular. Não somente esse fator negativo, some-se também a quebra do vínculo fraternal, a responsabilidade da igreja matriz em cuidar de suas filiais, bem como as filiais também prezar pela grandeza de sua matriz.

Pelo que nos parece, os líderes americanos, em vez de esperarem a direção de Deus para um modelo ideal destinado à igreja americana, que nascia forte e dinâmica, conforme visto e reconhecido nesse perfil histórico, optaram em aproveitar muito dos velhos "odres" do protestantismo secularizado, inócuo e impotente do século XIX!

Enquanto isso, no Brasil, os pioneiros foram mais humildes e prudentes, deixando esta questão nas mãos sábias de Deus. Sem vínculo ou dependência econômica, política ou eclesiástica de qualquer país, especificamente os EUA ou Suécia, formou-se uma igreja com características do Brasil. Desde o início é uma igreja voltada para as massas. É um movimento da parte de Deus, que não está preocupado com as elites, e obviamente nele existem muito mais pobres do que ricos. Aproveitaram sempre as correntes migratórias do Norte e Nordeste para o Sudeste, um meio eficiente para quebrar os tentáculos tradicionais das crenças de um catolicismo rural.

A expansão das Assembléias de Deus ainda é facilitada pela unidade da língua portuguesa em um país continental como o Brasil, com exceção das etnias indígenas. Os primeiros obreiros nativos inspiraram-se no modelo vivido pelos pioneiros, quanto ao espírito de sacrifício, intrépido, abnegado. Não esperavam qualquer formação acadêmica para iniciar nas lides da seara madura. Muitos aprenderam a ler em suas próprias bíblias. Era gente do povo falando a linguagem do povo, um evangelho de exposição simples de ser compreendido e aceito, marcado pelo testemunho de conversões dramáticas de cada pessoa.

Os obreiros eram forjados nas escolas bíblicas, com muita oração. Eram provados e passavam por duras experiências, até chegarem à condição de pastores. Em resumo, formou-se no Brasil uma igreja que veio atender primeiramente à vontade de Deus, e também à grande dimensão de nosso país. O sistema criado no Brasil encaixa-se muito bem em qualquer dos países pobres do terceiro mundo.

Isto é possível e vantajoso para o crescimento da Igreja, porque há uma participação efetiva e fundamental de obreiros leigos. Uma igreja matriz abre outras congregações, e cada uma delas também abre pontos de pregação. É um círculo sem fim, como uma explosão em cadeia. Assim, a Assembléia de Deus estendeu-se por todo país, e em quase todos os municípios há uma congregação.

1914 – 25/10 – Otto Nelson e Adina chegam a Belém, PA, (terceiro missionário).

1916 – Samuel Nyström e Lina chegam a Belém, PA, vindos da Suécia, via Estados Unidos.

Novembro – Primeiro jornal pentecostal, *Voz da Verdade*, é publicado.

1919 – 12/01 – Joel e Signe Carlson chegam a Belém, PA.

Bruno Skolimowski, um polonês, foi salvo em 1919, no Pará, e trabalhou em Curitiba por cinco anos. Ele pregava em três idiomas: polonês, alemão e português. Skolimowski também falava russo.

1921 – 21/03 – Nels J. Nelson chega a Belém, PA, vindo da América do Norte.

Edita-se o *Cantor Pentecostal*, primeiro hinário das Assembléias de Deus, com 44 hinos e 10 coros.

08/04 – Samuel e Tora Hedlund chegam a Recife, PE.

21/07 – José de Matos é o segundo missionário enviado para Portugal.

1922 – Edita-se a *Harpa Cristã* em Recife, passando a ser o hinário oficial das Assembléias de Deus, com 100 hinos. A segunda edição continha 300 hinos.

Março – "Depois de haver sido tratado na igreja no Pará, foi resolvido que os missionários deviam ter reuniões de estudos bíblicos e convidar os obreiros nacionais do Estado a assistirem a esses encontros. Em março de 1922, realizou-se a primeira reunião, quando uns trinta obreiros participaram, e entre eles algumas irmãs que ajudavam na obra." (Samuel Nyström, *Op. cit.*, p. 125)

1923 – Gunnar Vingren chega ao Rio de Janeiro. "Alguns anos antes que o irmão Vingren chegasse ao Rio de Janeiro pela primeira vez, isto é, em 1920, um missionário inglês, de nome Robert, tinha trabalhado separadamente das igrejas denominacionais. Ele recebeu o batismo com o Espírito Santo na Inglaterra, mas não pregava esta doutrina. Além de outros ensinos, ele tinha falado sobre a cura divina e muitos tinham sido curados durante os primeiros meses. Quando o irmão Vingren chegou, teve a oportunidade de visitá-lo e pregar em sua igreja. Mas quando chegou a segunda vez, em 1923, encontrou tudo diferente e Robert pregando doutrinas esquisitas. Por isso, não quis mais procurá-lo."

Vingren entrou em contato com muitos crentes ali, irmãos batizados com o Espírito Santo, que tinham vindo do Norte do Brasil, pois já havia um pequeno grupo que se reunia quando ele e sua família mudaram-se para o Rio de Janeiro, em junho de 1924. Entre os primeiros que foram batizados nas águas havia uma anciã, de nome Rosa, uma portuguesa muito alegre e zelosa. Deus também usou-a com seus bens materiais muitas vezes. Outra pessoa foi Paulo Leivas Macalão, filho de um general do Exército. Educado para seguir a carreira militar, teve um encontro com Jesus. Esteve também com o citado missionário inglês e foi um dos primeiros que Vingren batizou. Um corretor de imóveis também foi salvo, cujo nome era Silvério, e tinha ele diversos amigos em muitos lugares. A princípio, tinha ele pertencido ao movimento chamado os "Irmãos Unidos" (Plymouth).

Nesse tempo, outro irmão que antes havia pertencido aos "Irmãos Unidos" (Plymouth) juntou-se a nós. Por intermédio do irmão Silvério, que morava em uma cidade do interior do Rio de Janeiro, os irmãos Vingren e Clímaco Bueno Aza entraram em contato com muitos dos "Irmãos Unidos". Muitos creram no batismo com o Espírito Santo. Um deles, o irmão Manoel dos Santos, era um dos mais firmes e alegres. Sempre, ao encontrar com algum crente, louvava ao Senhor com aleluia em alta voz.

Este irmão foi muito usado entre esses "Irmãos Unidos" e assim surgiram pequenos grupos de crentes em muitas partes. Eles eram como ovelhas sem pastor. Conta-se que Manoel dos Santos chegou em um lugar, em um domingo, onde os "irmãos" tinham mandado chamar um pastor de uma denominação para entregar o trabalho. Manoel dos Santos testificou então de suas experiências do batismo com o Espírito Santo e recomendou-lhes que mandassem chamar o irmão Vingren. Vários pastores do Estado do Rio de Janeiro vieram destes "Irmãos Unidos". (Movimento mencionado anteriormente. Samuel Nyström, em "*Despertamento Apostólico no Brasil*", pp. 79,81,82 e 87, CPAD, edição de 1987)

1924 – Gustavo Nordlund chega a Porto Alegre, RS.

05/05 – Crentes chegam a Santos procedentes de Recife, PE, isto em decorrência da crise econômica no Norte em 1923. Daniel Berg e sua família chegaram em 1924, quando se iniciou oficialmente a obra de Deus em Santos. Os primeiros missionários que atuaram foram John Sorheim, Simão Lundgren e o irmão Clímaco Bueno Aza. (*Op. cit.*, 91)

15/04 – Primeiro culto da Assembléia de Deus no Rio Grande do Sul.

24/06 – Pastor Cícero Canuto de Lima assume o trabalho da Paraíba e constrói o maior templo em João Pessoa, capital do Estado, na avenida Primeiro de Maio.

1927 – Fevereiro – Nesta data, chega o primeiro pregador pentecostal a Belo Horizonte, MG. Clímaco Bueno Aza e família foram enviados por Deus para acender o fogo pentecostal ali. Era colombiano, mas fora salvo e batizado com o Espírito Santo no Norte do Brasil, e serviu com muita dedicação em diversos Estados brasileiros. (*Op. cit.*, 97)

Outubro – Daniel Berg e esposa chegam a São Paulo e iniciam os cultos em sua própria residência. Entre os novos convertidos, que receberam o batismo com o Espírito Santo, também vieram alguns crentes que tinham deixado de ser membros de uma igreja pentecostal italiana (CCB) em São Paulo, por causa de uma falsa doutrina. Foram dirigidos pelo Senhor aos cultos sob a direção de Daniel Berg. Entre eles estava Ernesto Ianone, que em seguida foi ordenado presbítero da igreja.

1929 – Novembro – Paulo Leivas Macalão inaugura salão na rua Borborema,77, Madureira, Rio de Janeiro, RJ.

1930 – A novel igreja no Rio de Janeiro elege Heráclito de Menezes como pastor interino; João do Nascimento, para diácono; e Paulo Leivas Macalão para secretário.

1930 – Samuel Nyström substitui temporariamente Daniel Berg, que nesse mesmo ano teve que viajar para Suécia por motivo de enfermidade. Como a cidade de São Paulo já era muito grande e populosa (um milhão de habitantes na época), realizavam cultos em seis diferentes partes; também reuniões especiais, de tarde, para senhoras; e cultos ao ar-livre. (*Op. cit.*, 93)

Nels Nelson assume o pastorado da Assembléia de Deus em Belém, PA, com a saída de Samuel Niström.

Agosto – Paulo Leivas Macalão e Helge Fallstrom foram separados para o pastorado, os primeiros do Rio de Janeiro.

Agosto – Lewi Pethrus visita pela primeira vez o Brasil.

Setembro – Natal, RN, hospeda a Primeira Convenção Geral. Unificação dos jornais *Boa Semente* e *Som Alegre*, dando lugar ao jornal *Mensageiro da Paz*. Em dezembro sai a primeira edição.

1933 – 29/06 – Morre Gunnar Vingren, na Suécia.

1934 – Faxinal, PR, registra uma história de avivamento entre tantas que desencadearam por todo país, desde que iniciou em Belém do Pará em 18/06/1911. A Igreja Evangélica Assembléia de Deus em Faxinal foi fundada em 15 de setembro de 1929. Em 1934, no bairro dos Eloy, havia ali uma congregação da Igreja Adventista do Sétimo Dia. Cirilo Alves de Oliveira, membro da referida denominação, ouviu falar que em Itararé, Estado de São Paulo, abrira-se uma igreja evangélica, cujos crentes eram batizados com o Espírito Santo, como nos dias dos apóstolos, e que eram curados pela oração da fé e salvos pela graça de Cristo.

Cirilo desejou ardentemente conhecer estes crentes e a doutrina pentecostal da Assembléia de Deus, ensino este que estava sendo propagado desde alguns tempos por um parente de Otávio Sabino, cujo nome era João do Vale, que morava em Itararé, onde havia um grande avivamento pentecostal sobre a responsabilidade do pastor Bruno Skolimowski. Como não havia boas estradas e nem meios de transportes rápidos, empreendeu viagem por terra rumo a Itararé, distante 350 km de Faxinal, e em oito dias venceu essa distância, caminhando pelo amor da verdade e buscando a fé.

Cirilo, ao chegar a Itararé, achou ali os primeiros crentes regozijando-se no Senhor Jesus e ouvindo o glorioso ensino da Palavra de Deus pelo nosso mui estimado irmão, pastor Bruno, que visitava o trabalho naquela na ocasião. Cirilo sentiu-se convencido da verdade e filiou-se ao Movimento Pentecostal, recebendo a promessa do batismo com o Espírito Santo e voltando a Faxinal 40 dias depois, onde testificou a todos sobre as verdades do evangelho completo

O Senhor Jesus foi lhe confirmando a palavra, curando enfermos e batizando crentes com o Espírito Santo. Atraídos pelo poder de Deus, dezenas de pecadores se converteram ao evangelho, razão por que surgiram lutas e perseguições tenazes. A congregação adventista, diante do movimento da Assembléia de Deus, que crescia rapidamente, sentiu-se incomodada e, temendo ser uma obra do Anticristo, iniciou uma campanha de oração e jejum. O resultado foi que os mais revoltados entre eles, orando, receberam o batismo com o Espírito Santo e todos despertaram, humilharam-se perante o poder de Deus e pediram perdão de tudo quanto haviam falado contra o movimento.

Assim, de um dia para outro, tornaram-se crentes pentecostais. Após o avivamento, passaram a batizar centenas de novos crentes de cada vez, com a vinda do pastor

Skolimowski. Em 1938, ele separou os primeiros presbíteros da igreja em Faxinal, onde se encontrava o irmão Cirilo Alves de Oliveira. (Extraído do opúsculo comemorativo do cinqüentenário da Assembléia de Deus em Faxinal, PR, 15/09/1979.)

1936 – Abril – Campinas recebe os primeiros pentecostais, dirigidos pelo pastor Samuel Hedlund, que chegou a realizar batismos de crentes presbiterianos que aceitaram a fé pentecostal, na região do rio do Turvo, próximo à cidade de Capão Bonito, onde os conheci quando fui pastor daquela igreja, na década de 70, dos quais ainda vivem muitos até hoje.

A Cooperação Norte-americana

Com a entrada dos Estados Unidos da América na Segunda Grande Guerra, as Assembléias de Deus também penetraram em todos os novos campos, onde mesmo fora de hora o movimento crescia de forma dramática. O Brasil foi um caso típico. Os ensinos e a pregação pentecostais foram introduzidos em nosso país, que ultimamente possui o maior número de fiéis em uma nação, primeiramente pelos missionários escandinavos. Em 1936, em resposta a um apelo de obreiros das Assembléias de Deus no Brasil, o Departamento de Missões Estrangeira aprovou a vinda de alguns missionários nomeados para o Brasil.

Entre eles estavam Lawrence Olson, Julio Olson, Leonard Petersen, Virgil Smith, Gustavo Bergström, a família Johnson, J. P. Kolenda, Theodoro Stör, Frank Stolter, Orlando Boyer, e as missionárias Lilian Flesing e Elsie Strahl. Alguns atuaram no Nordeste e outros no Sul de Minas. Em 1986, 51,9% do total da extensão mundial das Assembléias de Deus estavam no Brasil. (Edith L. Blumofer, *Op. cit.*, 307)

Seguindo o mesmo senso de reconhecimento de nosso saudoso irmão Emílio Conde, com respeito à participação norte-americana a partir da década de 30, temos o seguinte depoimento do pastor João Kolenda Lemos, diretor do Instituto Bíblico das Assembléias de Deus em Pindamonhangaba,

SP:

"Orlando Boyer, norte-americano, chegou ao Brasil em 1927. Ele pertencia a uma outra organização evangélica. Quando ainda estava nessa denominação, veio a receber o batismo no Espírito Santo, o que também aconteceu com outros crentes. Como ele ocupava algum cargo nessa igreja, indo aos EUA, foi desligado da referida organização e, em seu retorno ao Brasil, filiou-se às Assembléias de Deus. Foi um dos pioneiros no Estado do Ceará e Alagoas. Desde o início de suas atividades, dedicou-se à produção de farta literatura evangelística e teológica, escrevendo ou traduzindo mais de cem obras.

Virgílio Smith, norte-americano, chegou ao Brasil em 1928. Iniciou suas atividades missionárias nos Estados do Ceará e Alagoas. Foi um verdadeiro pioneiro no Nordeste. Em certa ocasião, foi preso por Lampião, famoso cangaceiro, que lhe exigiu uma certa quantia em dinheiro para soltá-lo. Quando chegou a quantia do resgate, que consistia todo em moedas, Lampião declarou: "Eu não sou mendigo!", e ameaçou o missionário Virgil e o portador do resgate. Não sabia ele que aquele valor era resultado das ofertas da igreja. Alguns anos mais tarde, exerceu seu ministério em Santa Catarina, de 1941 a 1948.

João P. Kolenda nasceu na cidade de Gelsenkirchen, Alemanha, em 1898. Quando tinha apenas quatro anos de idade, veio com os pais e irmãos para o Brasil, fixando residência em Porto Alegre, RS. Seu pai era pastor luterano. Quando tinha onze anos, sua família foi de mudança para os Estados Unidos. Casou-se com a sueca Margarida Westmark.

Kolenda participava de sua igreja na cidade de Lansing, no Estado de Michigan, EUA. Um pastor vizinho o convidou para um culto em sua igreja, onde estaria pregando um pastor sueco vindo do Brasil. Kolenda indagou sobre o Estado de onde o pregador procedia, e ficou sabendo que era de Porto Alegre, RS, e ficou admirado, pois era a cidade de sua infância, e ainda tinha uma irmã que vivia lá. Aceitou o convite e naquela noite ficou conhecendo o pastor Gustavo Nordlund, que lhe contou sobre a obra no Brasil e no Estado mencionado, que estava prosperando, tanto que acabara de inaugurar o novo templo para 2000 pessoas sentadas.

O pastor Gustavo lhe fez um convite: "Vá para o Brasil e ajude-nos! Se for, estou disposto a entregar-lhe a parte sulina no Estado. Vá para o Brasil e ajude-nos. Toda a parte sul do Estado ficará sob sua supervisão. Por favor, vá, mas vá logo!"

Com seu envolvimento na obra dos Estados Unidos, nada prometeu ao pastor Gustavo. Na manhã seguinte, quando estava no salão de conferências da Secretaria de Missões, o reverendo Noel Perkins, diretor de missões das Assembléias de Deus, veio a ele e disse:

— Irmão Kolenda, se não estou enganado, o irmão tem alguma conexão com o Brasil.

— Não estou lá há algum tempo — João respondeu. Estive na minha infância e ainda tenho uma irmã morando lá.

O reverendo Perkins continuou:

— Talvez isto seja providencial. Temos um problema no Brasil. Precisamos de um homem de experiência, preferivelmente alguém que fale a língua de lá.

Kolenda era a pessoa ideal para fazer uma sondagem, para depois definir os procedimentos.

O irmão J. P. Kolenda achou tudo aquilo muito estranho, mas aceitou o convite, reconhecendo que Deus estava agindo em sua vida. Poucos dias mais tarde, o irmão Kolenda se dirige ao Escritório Central de Missões em Springfield, Missouri, para resolver detalhes de sua viagem ao Brasil, e examinou a correspondência do Departamento de Missões na Suécia, de missionários no Brasil e dos líderes e igrejas brasileiras.

O reverendo Perkins explicou-lhe qual era o problema: os missionários suecos colocavam objeções à ida ao Brasil de missionários americanos das Assembléias de Deus. Visto serem os suecos os pioneiros, tendo chegado primeiro ao Brasil, aquele país devia ser considerado campo deles nos esforços missionários, e que os norte-americanos deviam adotar outros países latinos como seu campo de trabalho, o que parecia razoável.

O reverendo Perkins pediu ao pastor J. P. Kolenda que fosse para o Brasil, como representante das Assembléias de Deus nos Estados Unidos, a fim de fazer uma sondagem da situação e das possibilidades missionárias, e depois sugerisse três alternativas:

Primeira – Aceitar o pedido dos missionários suecos e recomendar que os missionários das Assembléias dos Estados Unidos, que já estavam no Brasil, deixassem o país e fossem redistribuídos em outros países sul-americanos.

Segunda – Recomendar que os missionários norte-americanos organizassem uma outra obra separada no Brasil, ligada às Assembléias de Deus norte-americana, independentes da obra ali existente.

Terceira – Achar um meio de cooperar com a obra existente das Assembléias de Deus, da qual os missionários suecos eram os pioneiros, e edificar só uma obra das Assembléias de Deus no Brasil.

O pastor Kolenda falou ao reverendo Perkins do convite que recebera de um dos missionários suecos, para ir ajudá-lo no Estado do Rio Grande do Sul e, por causa da necessidade e das condições de lá, achava que Deus realmente o chamava para a obra no Brasil. Além disso, manifestou ao irmão Perkins que das três alternativas, provavelmente recomendaria a terceira, pois esperava que Deus o ajudasse a unir todos os esforços para edificar uma só obra, forte e unida, das Assembléias de Deus no Brasil.

Os primeiros dias do pastor Kolenda no Brasil, especificamente no Rio de Janeiro, coincidiram com a realização da Convenção Nacional. Ele e sua esposa deveriam ser recepcionados pelo missionário Lawrence Olson, que trabalhava no Sul de Minas, muito distante do Rio de Janeiro e, então, diante disso, escreveu ao pastor Samuel Nyström, líder da Assembléia de Deus em São Cristóvão, Rio de Janeiro, que fosse ao encontro do casal que se achava no navio atracado no porto, o qual, quando lá chegou, ao localizá-los disse: "Sou Samuel Nyström. Fui informado por Lawrence Olson que chegariam neste navio, de modo que vim ao encontro de vocês, para ajudá-los em tudo que for necessário".

Estas palavras pronunciadas com bondade, e os modos gentis do pastor Nyström, começaram uma amizade íntima entre os dois homens, que duraria muitos anos.

Naquela semana que se seguiu, o pastor Kolenda consultou as lideranças, tanto norte-americana, como sueca e brasileira, reunidas na Convenção. Era óbvio que Deus abençoara o ministério e os métodos dos missionários suecos. Grandiosas igrejas foram edificadas a partir das capitais brasileiras, graças aos esforços dos obreiros nativos, que atingiram quase todos os recantos do país.

O trabalho estava unido e próspero. Desfazer esta união seria um desastre. Os missionários norte-americanos resolveram, portanto, adotar os princípios e os métodos da obra existente, e deram à Convenção Geral a certeza da sua cooperação e lealdade. O resultado foi que receberam as cordiais boas-vindas, foram acolhidos na comunhão das Assembléias de Deus no Brasil, e a obra de Deus foi conservada em união até o momento, e não tem faltado as bênçãos e a operação divina!

Em seguida, o pastor Kolenda, agora missionário, seguiu para o seu destino, o Estado do Rio Grande Sul, onde passou algum tempo com o missionário Gustavo Nordlund e depois foi indicado para assumir a direção da igreja no Estado de Santa Catarina. Naquele tempo havia somente cinco igrejas estabelecidas. Ele e o missionário Virgil Smith organizaram e estabeleceram a Convenção Estadual de Santa Catarina, sendo esta a primeira Convenção Regional a ser organizada no Brasil. Além disso, foi fundada uma Caixa de Evangelização para o Estado. O alvo do fundo dessa Caixa era: "Todo lugar em que o Correio entregar uma carta, aí deve chegar uma Assembléia de Deus". Além de outros projetos eclesiásticos de importância, foi criada outra caixa, a de Pecúlio dos Obreiros, que até hoje ainda é um modelo.

O pastor Kolenda trabalhou muito, até a sua avançada idade, e por várias vezes tentou sua jubilação, mas sempre acabava voltando às atividades. Em uma dessas, retornou ao Brasil e foi para Belém do Pará, onde organizou e administrou o Instituto Bíblico, que estendeu seus cursos até o Estado do Maranhão. Esta volta durou quatro anos. O pastor Kolenda foi grande e íntimo amigo do pastor Cícero Canuto de Lima. Em resumo, trabalhou intensamente nos Estados Unidos, Brasil e Alemanha.

Gustavo Bergström, sueco radicado na América do Norte, chegou ao Brasil em 1934. Foi um verdadeiro evangelizador, com uma profunda compaixão pelos perdidos. Na maior parte de seu ministério, trabalhou estabelecendo igrejas no Brasil, isto é, evangelizando as localidades até surgir uma nova congregação. A região onde mais trabalhou foi no Sul de Minas, onde implantou mais de cem igrejas e congregações. Suas viagens eram feitas de trem e, como viajava muito, comprava um passe para 10.000 km. Programado para um ano, e em cada parada que fazia, deixava no mínimo um ponto de pregação! Já nos dias de sua velhice, trabalhou dois anos na cidade de São Paulo, onde deixou algumas (5 ou 6) igrejas. Os últimos anos de sua vida passou no IBAD e, já bem idoso e jubilado, retornou para a América.

Theodoro Stör, norte-americano, chegou ao Brasil em 1944 e trabalhou até 1952. Estabeleceu igrejas no Norte do Estado de São Paulo, principalmente em Ribeirão Preto e região.

Frank Stolter, norte-americano, veio para o Brasil em 1942, onde ficou por quatro anos, primeiramente no Estado de São Paulo, e depois em Santa Catarina.

Vernon Fullerton, norte-americano, trabalhou no Estado do Ceará com o missionário Orlando S. Boyer (seu sogro) por dois ou três anos.

Lawrence Olson, sueco, radicado na América, chegou ao Brasil em 1938. Iniciou suas atividades em Lavras, Sul de Minas. Trabalhou em bastante harmonia com Belo Horizonte, onde liderava o missionário Algot Swenson. Foi pioneiro em rádio-evangelismo, produziu os primeiros programas a partir do ano de sua chegada ao Brasil. O programa era levado ao ar em rede nacional, denominado "A Voz das Assembléias de Deus". Suas obras em livros sempre foram publicadas pela CPAD. Dirigiu e administrou por muito tempo o Instituto Bíblico Pentecostal, no Rio de Janeiro.

Júlio Olson, sueco, radicado na América, chegou ao Brasil em 1946. Dedicou seu trabalho à cidade de Lavras, Sul de Minas, com Lawrence, estabelecendo igrejas nessa região. Em seus quatro anos de estada no Brasil, cooperou no Instituto Betel, em São Paulo, e no IBAD, Pindamonhangaba, também em São Paulo.

Bernard Johnson (pai), sueco radicado na América, e sua esposa Antonieta, norueguesa, chegaram ao Brasil em 1940. Situou suas atividades na cidade de Varginha, sul de Minas. Foi um missionário que se integrou e identificou-se com os brasileiros. Tinha ele muita habilidade no estabelecimento e organização de igrejas.

Bernard Johnson (filho) passou sua infância junto ao pai. Seguiu mais tarde para os Estados Unidos, onde recebeu educação e formação teológica, com uma visão para trabalhar no Brasil. Foi realmente o que aconteceu, voltando em 1956. Daí por diante tornou-se uma figura de destaque nas grandes campanhas evangelísticas em todo o Brasil. Já nos últimos anos de seu ministério, alternava sua presença nos Estados Unidos e no Brasil, implantando outros projetos missionários, como a Escola Teológica das Assembléias de Deus, sediada em Campinas, SP. Nos últimos tempos de seu ministério no Brasil, participou e cooperou com o trabalho dos Ceifeiros em Chamas.

Foram enviadas três missionárias norte-americanas, que trabalharam no Brasil a partir de 1943:

Herma Müller e Lilian Flesing – Estas duas missionárias trabalharam em Goiás, como pioneiras, quando este Estado ainda estava em formação.

Elsie Strahl trabalhou no interior do Estado de São Paulo, na cidade de Araraquara e região. Abriu diversas congregações, e sempre foi ligada ao Ministério do Belém. Em 1951 foi transferida para a CPAD, uma vez que ela possuía habilidade para trabalhar nas máquinas gráficas, onde ficou por espaço de seis anos, como operadora de linotipo. Em 1958, mudou-se para Pindamonhangaba, onde trabalhou como professora do IBAD até 1967, ano em que faleceu.

1939 – 2 de fevereiro – pastor Cícero Canuto de Lima deixa a Paraíba em direção ao Estado do Rio de Janeiro.

1941 – 21 de outubro – A Assembléia de Deus, Ministério de Madureira, situada na rua João Vicente, 7, no Rio de Janeiro, assume personalidade jurídica.

O Movimento Pentecostal alastra-se por todo mundo, independente de organização, mas sempre com a liderança das Assembléias de Deus. Idealizou-se a criação de uma reunião que congregasse todas as organizações pentecostais existentes no mundo, e assim foi criada a Conferência Mundial Pentecostal. A idéia da realização desses encontros de caráter mundial partiu de Davi du Plessis e frutificou na Europa antes mesmo de atingir as Américas.

A Conferência Mundial Pentecostal tem como propósito contribuir para a confraternização dos crentes pentecostais ao redor do mundo, que se encontram trienalmente em diferentes locais com a finalidade de mútua edificação, compartilhando métodos para a evangelização do mundo e a divulgação da mensagem pentecostal.

A Primeira Conferência foi realizada em Zurique, Suíça, em maio de 1947. Tornou-se uma reunião preparatória e precursora para os próximos encontros. Participaram representantes de diversos grupos pentecostais de 22 países. Os primeiros líderes foram Donald Gee, da Inglaterra, Lewi Pethrus, da Suécia, e Leonar Steiner, da Suíça. A Conferência Mundial de Zurique foi o resultado da Conferência Européia realizada no mês de junho de 1939, em Estocolmo, e abriu o caminho para as demais conferências mundiais.

A Segunda teve lugar em Paris, França, no ano de 1949, ocasião em que se formou um Comitê Consultivo para funcionar como elo entre as várias igrejas pentecostais ao redor do mundo. Este órgão é responsável pelo planejamento de cada conferência, que passou a ser realizada trienalmente. Na reunião de Paris havia mais confiança no futuro das conferências, em razão de os delegados se conhecerem mais.

A Terceira ocorreu em Londres, de 27/06 a 07/07/1952. Com a presença de 1.300 delegados, iniciaram-se os trabalhos da Terceira Conferência Mundial, mais numerosa do que as duas anteriores. As reuniões realizaram-se no majestoso edifício conhecido por Westminster Central Hall, o maior templo Metodista do mundo, do qual foi pastor o conhecido pregador J. Campbel Morgan. A Terceira Conferência Mundial Pentecostal foi mais objetiva e mais agressiva do que a Primeira e Segunda. Foi objetiva porque incentivou o Reavivamento Mundial, e ela mesma, a Conferência, através de seus membros, foi para a praça pública, em Trafalgar Square, a fim de realizar cultos de evangelização a céu aberto.

Foi mais agressiva porque todos os delegados ingleses assinaram uma declaração de protesto que foi enviada ao governo inglês, contra as perseguições que os membros da Comunidade Pentecostal estavam sofrendo em alguns países, a fim de que o governo, através de suas representações diplomáticas, fizesse sentir aos regimes opressores que a liberdade religiosa é uma conquista que deve ser respeitada.

A Quarta ocorreu em Estocolmo, na Suécia, entre os dias 13 e 20/06/1955. A Conferência de Estocolmo foi a maior de todas, numericamente. As dificuldades nas conferências anteriores haviam desaparecido, de modo que em Estocolmo as reuniões eram inteiramente favoráveis. Tudo foi grande e agradável na Quarta Conferência. Três grandes tendas reunidas em uma só serviram para realizar as reuniões da Conferência. Tendas menores em redor atendiam à todas as necessidades dos delegados, com restaurantes, correios, câmbio e passagens. As igrejas da Suécia, tendo à frente a de Estocolmo, proporcionaram aos delegados das várias nações uma visão completa do trabalho educacional, filantrópico e cultural na capital e vizinhanças. A organização da Conferência de Estocolmo, em razão das facilidades e cooperação das igrejas da Escandinávia, foi sem dúvida a melhor até então.

A Quinta foi sediada em Toronto, no Canadá, entre os dias 14 e 21/09/1958. As conferências anteriores foram realizadas na Europa. A idéia da realização dessas reuniões de caráter mundial partiu de Davi du Plessis e frutificou na Europa, antes mesmo de atingir as Américas. Nesta ocasião o Brasil teve, como seu representante, o saudoso irmão Emílio Conde.

A Sexta ocorreu em Jerusalém, Israel, de 19 a 21/05/1961. O Comitê Consultivo que organizou este evento foi presidido pelo Dr. Ray Hughess, assistente geral da Igreja de Deus nos EUA, e composto de líderes pentecostais de todos os continentes. Uma Conferência Pentecostal em pleno séc. XX, na cidade de Jerusalém, na data em que se comemorava o dia de Pentecostes, era realmente um grande privilégio para aqueles que ali compareceram. A Conferência de Jerusalém foi, sem dúvida, a mais expressiva de todas, não tanto pelo valor numérico, mas pelas circunstâncias e pelo interesse oficial do governo de Israel, que cumulou de atenções os delegados à Conferência, inclusive distribuindo medalhas comemorativas.

A Sétima aconteceu em Helsinque, na Finlândia, de 26 a 30/09/1963. Lá foi decidido que o Brasil hospedaria a Oitava Conferência. A Holanda, a Indonésia e a América do Norte também desejavam hospedar a Conferência. A que foi realizada em Helsinque repercutiu em toda a Finlândia, quer nos círculos eclesiásticos, quer no mundo político. A maior autoridade da Igreja do Estado discursou na Conferência Pentecostal. O coro composto de pastores cantou no Palácio do Governo da Finlândia. Líderes batistas da Finlândia estiveram presentes, como também numeroso grupo de oficiais do Exército da Salvação.

A Oitava Conferência ocorreu no Rio de Janeiro entre os dias 18 e 23/07/1967. O comitê organizador desta foi formado pelos pastores Thomas Zimmerman (EUA), Paulo Leivas Macalão, Alcebíades P. Vasconcelos e Francisco P. do Nascimento, do Brasil, e mais os três assessores nomeados na Conferência de Helsinque, N. Lawrence Olson, Eurico Lars Bergstén e George Faulkner.

A abertura da Conferência Mundial Pentecostal aconteceu no dia 18, às 20 horas, no "Maracanãzinho". Na ocasião compareceu o governador do então Estado da Guanabara, Negrão de Lima, quando em sua saudação deu por aberto os trabalhos da Oitava Conferência Mundial Pentecostal, perante uma assistência de 30.000 pessoas. Os trabalhos foram presididos pelo pastor Thomas Zimmerman. O Dr. Edgar Calmon representou a Convenção Batista. O culto de abertura foi marcado pela participação do coro de dois mil componentes. Houve o desfile das bandeiras das nações e dos Estados do Brasil, seguido da apresentação dos delegados das nações.

Na primeira reunião, milhares de vozes, em várias línguas, se elevavam até ao trono da graça, em louvor e gratidão. A mensagem do pastor Thomas Zimmerman foi de grande impacto, pois declarou que a Palavra de Deus é a mensagem que os homens desta e de todas as gerações necessitam para serem salvos.

As reuniões iniciaram às 9 horas do dia 19. Assim foi até o fim, com cultos evangelísticos todas as noites, com os seguintes conferencistas:

Thomas Zimmerman – EUA: *O Espírito Santo Unificando a Igreja*;

Philip Duncan – Austrália: *O Espírito Santo Glorificando a Cristo no Ministério da Oração;*

Jack Wooderson – África do Sul: *O Espírito Santo Glorificando a Cristo na Produção de Virtudes Espirituais;*

David Yonggi Cho – Coréia: *O Espírito Santo Glorificando a Cristo como Salvador.*

Noel de Souza – México: *O Espírito Santo Glorificando a*

Cristo na Pregação Ungida.

Veiko Manninen – Finlândia: *O Espírito Santo Glorificando a Cristo nos Dons Espirituais.*

Alcebíades P. Vasconcelos – Pastor em Belém do Pará, Brasil.

Willis Sawe – Pastor da Igreja Filadélfia Pentecostal em Estocolmo, Suécia.

José Maria Rico – Evangelista Internacional boliviano.

Nathaniel M. Van Cleave – Pastor da Igreja Internacional Quadrangular em Oregon, EUA.

Erling Strom – Pastor da Igreja Filadélfia em Oslo, Noruega.

Robert Taitenger – Pastor do Tabernáculo Pentecostal Central, Edmonton, Alberta, Canadá.

R. Leonard Carrol – Observador Geral da Igreja de Deus, Cleveland, Tennessee, EUA.

Alexander Tee – Pastor da Igreja Pentecostal Elim, em Cheltenham, Inglaterra.

O encerramento da conferência se deu no maior estádio de futebol do mundo, o Maracanã, na tarde do domingo, dia 23, com uma assistência de 150 mil pessoas, a maior já realizada em recinto fechado. O Brasil não decepcionou as delegações das várias nações que esperavam assistir à maior reunião pentecostal da história moderna. O crescimento do movimento pentecostal no Brasil, suas atividades e agressividade, no bom sentido, já transpuseram nossas fronteiras, despertando invulgar interesse em todo o mundo. A mensagem ficou a cargo do pastor Alexander Tee, sendo interpretado pelo missionário Bernard Johnson. Uma mensagem vibrante, digna de um tal encerramento, em que o pregador conseguiu, graças a unção do Espírito Santo, a atenção unânime dos presentes, algo poucas vezes acontecido em estádios.

As demais conferências foram:

A Nona – Dalas, Texas – EUA, em 1970.

A Décima – Seul, Coréia, em 1973.

A Décima Primeira – Londres, Inglaterra, em 1976.

A Décima Segunda – Vancouver, Canadá, em 1979.

A Décima Terceira – Nairobi, Quênia, em 1982.
A Décima Quarta – Zurique, Suíça, em 1985.
A Décima Quinta – Singapura, em 1989.
A Décima Sexta – Oslo, Noruega, em 1992.
A Décima Sétima – Jerusalém, Israel, em 1995.
A Décima Oitava – Korea, Seul, em 1998.
A Décima Nona – Los Angeles, EUA, em 2001.

1989 – Com o crescimento das Assembléias de Deus em várias partes do mundo, em reunião do Comitê da Conferência Mundial Pentecostal, como resultado das orações dos líderes na Sede do Concílio das Assembléias de Deus nos EUA, Deus tocou nos corações de seus servos para que fosse criada uma nova meta a ser alcançada por todas as igrejas ao redor do mundo, que tomou o nome de *Década da Colheita*, e lá estava o pastor José Wellington Bezerra da Costa, atual presidente da CGADB, representando a América Latina.

1994 – Em setembro, realizou-se o Primeiro Congresso Mundial das Assembléias de Deus em Seul, Coréia do Sul, que se caracterizou como um grande evento pentecostal.

1997 – Em setembro, realizou-se o Segundo Congresso Mundial das Assembléias de Deus, em São Paulo, Brasil, tendo como igreja hospedeira o Ministério do Belém, que também foi uma prova evidente da pujança das Assembléias de Deus no Brasil.

Conclusão

"Deus preparou o mundo gentio para receber o evangelho. Um número bastante significativo de não-cristãos mostrou, portanto, muito mais disposição em aceitar o evangelho do que cristãos em partilhá-lo com eles". Esta é a tese defendida pelo missiólogo Don Richardson, em seu livro *O Fator Melquisedeque* mediante a qual procura mudar os conceitos do estado de ignorância dos gentios, os quais são é muito difíceis de aceitar o evangelho. Deus, além de preparar o mundo para receber o evangelho, também enviou o poder do Espírito Santo para dinamizar o testemunho da mensagem nestes últimos tempos.

O século XX foi marcado profundamente pelo Movimento Pentecostal, que não se deteve nas fronteiras das discussões teológicas. Mais uma vez, Deus teria que libertar a mensagem do evangelho das grandes catedrais desde a Reforma do século XVI, através de um novo derramamento do poder do Espírito Santo, para cumprir a Grande Comissão. A inércia do cristianismo de então foi vencida por uma nova dinâmica, ganhando assim uma velocidade compatível com o clamor do mundo. Sem dúvida alguma, a Igreja de nossos dias e de todos os tempos não pode prescindir do maior recurso ao seu dispor: o poder do Espírito Santo.

Segundo o parecer expresso no livro *Eventos del Porvenir"*, do reverendo Dwigt Pentecost, mestre no Seminário de Dallas, Texas: "O reino (milenar) será caracterizado pela plenitude do Espírito Santo. Ao instituir o reino teocrático, a profecia de Joel se cumprirá: "E depois disto...".

Com respeito a esta experiência, ele cita Walvood: "As profecias que descrevem o milênio... concordam em seu testemunho de que a obra do Espírito Santo nos crentes será mais abundante e terá maior manifestação no milênio do que em qualquer outra das eras bíblicas anteriores a ele. É evidente nas Escrituras que todos os crentes serão morada do Espírito Santo no milênio, assim como o são na era presente: 'E porei dentro de vós o meu espírito, e farei que andeis nos meus estatutos, e guardeis os meus juízos, e os observeis' (Ez 36.27); 'E porei em vós o meu espírito, e vivereis, e vos porei na vossa terra, e sabereis que eu, o Senhor, disse isso e o fiz, diz o Senhor'" (Ez 37.14).

O ato da morada do Espírito Santo nos crentes será parte da gloriosa restauração de Israel, descrita em Ezequiel 36.24: "E vos tomarei dentre as nações, e vos congregarei de todos os países, e vos trarei para a vossa terra".

A plenitude do Espírito Santo será comum no milênio (quer dizer que o pentecostalismo continuará, apesar de pontos de vista contrário), em contraste com a pouca freqüência dela em outros séculos, e se manifestará em adoração e louvor ao Senhor e em obediência voluntária a Ele, assim como no poder espiritual e em transformação interior. "Até que se derrame sobre nós o Espírito lá do alto; então o deserto se tornará em campo fértil, e o campo fértil será reputado por um bosque" (Is 32.15). "Nem esconderei mais a minha face deles, quando eu houver derramado o meu espírito sobre a casa de Israel, diz o Senhor Jeová" (Ez 39.29). Em contraste com a apatia, frieza e mundanismo de nossos dias, haverá um fervor espiritual, amor a Deus, gozo santo, compreensão universal das verdades espirituais e uma maravilhosa comunhão entre os santos...

Peters diz: "É notável o assombroso derramamento do Espírito Santo que se apresenta nas descrições do milênio... tão poderoso em transformar, glorificar, e repartir dons milagrosos aos santos, tão penetrante na nação judaica que todos serão justos desde o menor até o maior; de tão grande alcance entre os gentios que se regozijarão na luz que lhes outorga a eles; tão extenso em sua operação que toda a terra será finalmente coberta de glória — isto é com as subsequentes —; é tão sublime pela morada, permanência e comunicação do divino, que nada poderia contemplar sem estar profundamente movido por tal manifestação de espiritualidade".

Se para os tempos vindouros se vislumbra um futuro tão esplendoroso pela operação do Espírito Santo para uma gigantesca obra, a de levar a mensagem aos recantos mais distantes da Terra, acreditamos que em nossa era não podemos dispensar as armas espirituais, os dons do Espírito Santo para uma tarefa inacabada.

Bibliografia

BLUMHOFER, Edith. L., *The Assemblies of God.* Gospel Publishing House, Springfield, Missouri, USA, 1989. Obra editada especialmente por ocasião das comemorações dos 75 anos da fundação do Concílio das Assembléias de Deus nos EUA.

BRANCO, Paulo., *Pentecostés un Desafío al Mundo.* Edição de 1984, Cadiz, Espanha.

BRENDA, Albert W., *Ouvi um recado do céu.* CPAD, 1984, Rio de Janeiro, RJ. Brasil — Biografia de J. P. Kolenda.

BRUMBACK, Carl., *O Que Quer Isto Dizer?* Gospel Publishing House, Springfield, Missouri, EUA. Traduzido por O. S. Boyer, 1960.

CONDE, Emílio., *Testemunho dos Séculos.* CPAD, 1983, Rio de Janeiro, RJ.

DEER, Jack. *Surpreendido pelo Espírito.* Editora Vida, 1998, São Paulo, SP.

GUTIERREZ, Benjamin F., *En la Fuerza del Espirito* — Os Pentecostais na América Latina: Um Desafio às Igrejas Históricas. 1995, AIPRAL e CELEP, México e Guatemala.

HAN, Yung-Chul., *The Acts of Pentecost.*

MANNERS, John Mc., *The Oxford History of Christianity.* Oxford University Press, 1993. Publicada na Inglaterra pela Clays Ltda.

MUIRHEARD, H. H., *O Cristianismo Através dos Séculos,* vol. I, 4ª Edição, 1959. Casa Publicadora Batista, Rio de Janeiro, Brasil.

SHAKARIAN, Demos., *O Povo mais Feliz da Terra.* História contada a John e Elizabeth Sherrill, traduzido por Dulce Estudante, Sara Duarte e David Pessoa, Casa Publicadora das Assembléias de Deus, I.P.B., Portugal.

WAGNER, Peter., *Cuidado! Aí Vêm os Pentecostais.* Editora Vida, 1975, Miami, Flórida, EUA.

__________. *Bíblia Sagrada.* Tradução de João Ferreira de Almeida, Sociedade Bíblica do Brasil, 1995.

__________. *Despertamento Apostólico no Brasil.* Depoimento de vários pioneiros, com tradução de Ivar Vingren. CPAD, 1987, Rio de Janeiro, RJ.

__________. *Mensageiro da Paz.* Edição comemorativa por ocasião da realização da VIII Conferência Mundial Pentecostal, julho de 1967, Rio de Janeiro, RJ.